Couverture inférieure manquante

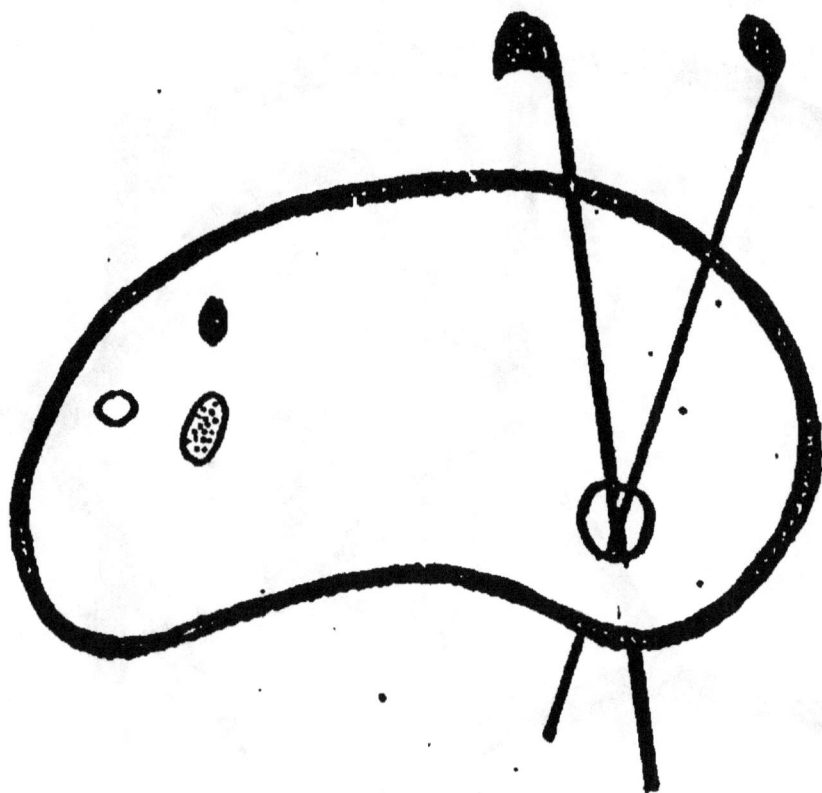

**DEBUT D'UNE SERIE DE DOCUMENTS
EN COULEUR**

A PROPOS

DE

Musique  et de Séparatisme

HOMMES ET CHOSES A NICE

PAR

J. ANDRÈ

ANCIEN DIRECTEUR DU *Pensiero di Nizza*

Prix : 60 Centimes

NICE
IMPRIMERIE ROBAUDI FRÈRES
20, Rue Pastorelli, 20
—
1897

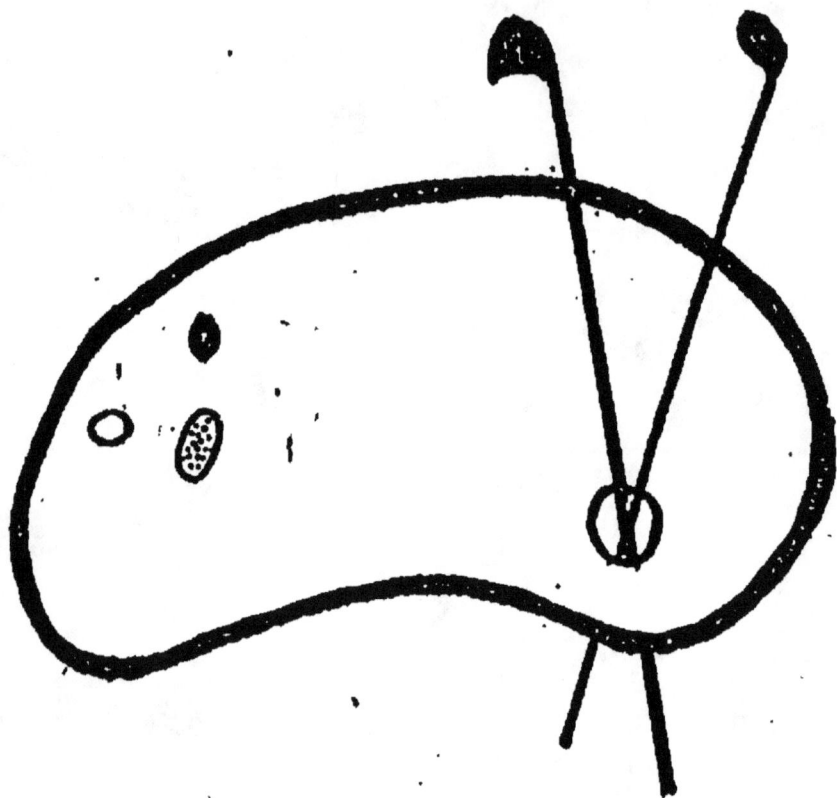

FIN D'UNE SERIE DE DOCUMENTS
EN COULEUR

A PROPOS

DE

Musique

et de

Séparatisme

HOMMES ET CHOSES A NICE

PAR

J. ANDRÈ

ANCIEN DIRECTEUR DU *Pensiero di Nizza*

Prix : 60 Centimes

NICE

IMPRIMERIE ROBAUDI FRÈRES

20, Rue Pastorelli, 20

1897

NOTE DE L'AUTEUR

Cette brochure n'aurait pas été écrite, si ceux qui se posent comme gardiens du patriotisme à Nice ne s'étaient, après un long silence, occupés de nouveau de ma personne.

Cependant ce travail n'est pas un plaidoyer; c'est plutôt une réponse et, en même temps, un recueil de vérités qui s'adressent à tous les partis à Nice et, plus spécialement, aux personnes qui ne sont pas originaires de notre pays, et qu'on trompe depuis trop longtemps sur nos affaires. Dans tous les cas, *ceci est un livre de bonne foi.*

Je dois ajouter qu'habitué depuis ma plus tendre jeunesse, à écrire en langue italienne, je n'ai pas la prétention de présenter cette brochure comme un modèle de littérature française.

Je fais donc appel à l'impartialité des lecteurs, afin qu'ils regardent au fond plutôt qu'à la forme.

Quant aux boutiquiers de patriotisme, qui voient une conspiration dans toute œuvre niçoise, j'espère qu'ils voudront bien ne pas crier au séparatisme et à la gallophobie, toutes les fois qu'ils rencontreront dans cette brochure une faute de français, une phrase ou une expression qui ne seraient pas conformes au caractère de la langue française.

Qu'on nous croie pour une fois.

Le style peu soigné et l'expression peu française ne cachent nullement une hostilité quelconque à ce patriotisme dont ils ont accaparé le monopole dans notre cité.

MANQUE DE CARACTÈRE

———

Depuis quelque temps les deux officines qui prétendent avoir le monopole du patriotisme n'avaient pas agité l'épouvantail du « séparatisme » qui peut peut-être impressionner, mais sans troubler la tranquillité des Français qui ont fait de Nice leur résidence de choix.

Ce croque-mitaine est toujours dans l'encrier de ces patriotes à polémique journalière, et leur plume ne sert qu'à chatouiller par moments la curiosité des lecteurs, habitués aux grotesques exagérations de deux adversaires toujours prêts à capituler selon les événements qui partout ailleurs ignorés, ont servi à soulever encore le fantôme du séparatisme et impressionner les esprits non habitués à pareille manœuvre.

Ne lisant qu'une feuille on s'habitue à elle, mais une cloche ne donnant qu'un son, on arrive fatalement à croire que la dignité de la France serait irrévocablement compromise à Nice, sans la prose *ligurienne* d'un G..... placé en éclaireur, ou les divagations soporifiques d'un second G..... qui chante, aussi juste qu'un pensionnaire de Lafon, les vertus civiques de son patron de l'instant.

Recherchons donc les faits si importants qui auraient mis en danger le nom français à Nice, faisant même oublier les graves événements qui préoccupent toute l'Europe en Orient.

Ces *graves* événements, au dire de nos écrivassiers, auraient ému le Ministère lui-même qui ferait, dit-on, procéder à une enquête sur place par des agents spéciaux chargés d'étudier cette dangereuse situation et trouver les moyens de combattre non-seulement cette menace séparatiste aussi fière que forte, mais détruire en l'écrasant, cette tête d'Idre qui ne prive de sommeil que ceux qui ont un intérêt personnel ou politique à la faire vivre.

Les deux gros événements qui ont fait trembler les deux feuilles, et leur porte-plumes, ne seraient qu'une représentation au bénéfice des pauvres où un artiste de valeur (*rara avis*, au théâtre de Nice) aurait chanté son rôle en langue italienne, et ensuite l'arrivée de l'ancien directeur du *Pensiero*.

On frissonne à la pensée d'une si odieuse conspiration au grand jour ; le séparatisme continue son œuvre et l'arrivée du directeur du *Pensiero* dans sa ville natale, indique trop clairement le réveil du gallophobisme !

M. Lafon qui trouve sa mine d'or dans l'exploitation facile de la boîte municipale, n'a pas hésité à solliciter une saison de printemps en langue italienne, car il connaissait bien le résultat financier, mais les braillards quotidiens ont été unanimes à crier à la conspiration, et à montrer la main noire du séparatisme, poussant le directeur du théâtre à cette infâme démarche.

Les deux compères de la première heure, engagèrent sur ce point une discussion assez curieuse, peut-être édifiante, assurément burlesque, et n'hésitèrent pas à se lancer réciproquement l'injure de séparatiste.

Il est résulté de tout ceci que par une ignoble couardise dont malheureusement les niçois sont affligés depuis quelque temps, les promoteurs indépendants d'une représentation au bénéfice des pauvres, s'inclinant devant les ridicules prétentions de la feuille borriglioniste, s'excusèrent timidement et invoquèrent pour expliquer ce qu'ils ont fait, des raisons qui n'en sont pas ! Cette crânerie à l'eau de boudin eut pour résultat une représentation manquée au point de vue de la recette, et ainsi la boutade patriotarde et intéressée du journal de Borriglione fut cause d'une perte d'argent considérable pour les pauvres de Nice.

Il faut le dire, l'énergie des Niçois disparaît souvent, s'incline toujours, ne sait jamais se défendre.

Mais les pauvres sont une quantité négligeable pour les individus qui veulent à tout prix être les maîtres de la situation, et ils le sont !

Que leur importe la tranquillité et l'honneur de Nice, et la dignité des habitants ?

Ils veulent commander sans voir le spectacle écœurant qu'ils donnent aux étrangers de nos mœurs et de notre caractère ; ils piétinent tous nos sentiments, et ils en font le tremplin de la domination.

Une haine occulte qui tient aux questions personnelles et d'intérêt, trouble ce pays privilégié, par l'audace de ces quelques intrigants qui savent insinuer partout cette nuance politique pour l'exploiter à leur profit, et introduire le sentiment patriotique dans une simple question de musique.

Il est triste de devoir constater que le Niçois, soit par ignorance, soit par peur, abandonne trop facilement et sans se révolter, le pays à ce petit nombre de politiciens et brocanteurs de patriotisme qui se disputent avec acharnement les dépouilles du pouvoir et tout le reste.

Vous ne pouvez rencontrer un citoyen, sans qu'il proteste à voix basse contre un état de choses qui oblige le Niçois à avoir presque honte de paraître ce qu'il est, et qui le met dans la dure nécessité, s'il ne veut être proclamé mauvais Français, gallophobe, traître, etc., de renier ses traditions, de falsifier l'histoire de son pays et de renoncer même à ses goûts artistiques.

Nous devons penser selon le bon plaisir de quelques rares foliculaires bruyants et incapables !

Malheur à celui qui essayerait de sortir de l'orbite de sa personnalité et de montrer son énergie et son indépendance dans les plus simples et les plus loyales manifestations admises et tolérées par les gouvernements les plus barbares et les plus despotes.

Bien plus :

Il n'est pas permis de serrer la main à un ami ou s'arrêter avec une connaissance, sans provoquer la haine, suivie d'une lâche dénonciation qui est l'unique partage de ceux qui seraient bien en peine de dire d'où ils viennent, et qui veulent cependant en imposer ici au point de ne pas permettre aux vieux *Nissards* d'être toujours Niçois dans leur pays.

Et les Niçois se chuchotent toutes ces choses à l'oreille lorsqu'ils se rencontrent dans les rues, lorsqu'ils lisent dans certains journaux les menaces des foliculaires ; mais personne n'ose répéter en public ce qu'il pense dans l'intimité. Voyez à quel degré de faiblesse, voire même de lâcheté, en sont réduits les esprits !

Combien de conseillers anciens et actuels ne déplorent-ils pas la situation honteuse de notre Théâtre ; où sont-ils ceux qui ont le courage de proclamer que l'art est en dehors de la politique, et que dans l'intérêt de notre pays il est urgent d'en venir à une *instauratio ab imis fundamentis ?*

Ils ont la bravoure du silence, le plus petit reporter les intimide, et disons-le : ils ont peur.

Le Monument du Centenaire est une scandaleuse négation de l'histoire ; pas un conseiller n'eut le courage de protester et d'exprimer ainsi hautement sa pensée, et pourquoi ? Toujours par la peur de la presse ou la qualification de séparatiste.

La peur en impose à ces bons Niçois, ainsi forcés à renoncer à leurs goûts artistiques pour ne pas être appelés *traîtres* par ce petit nombre qui en impose fatalement au pays.

Ils murmurent timidement et isolés. Ils n'osent protester en public et protester au nom de la liberté, et protester en invoquant ce même patriotisme, au nom duquel tant d'injustices sont commises dans notre pays, ce patriotisme devenu un instrument de prépondérance et une arme de discorde civile entre les mains de quelques ambitieux, qui, divisés entre eux, n'ont d'autre idéal que la conquête du pouvoir.

Nous dirons ouvertement ce que pense la majorité des citoyens, et nous dirons aussi toute la vérité, méprisant les persécutions et les luttes auxquelles nous sommes depuis trop longtemps habitués et devant lesquelles s'inclinent nos compatriotes, peut-être par un esprit égaré si ce n'est par intimidation.

Nous soumettons volontiers nos appréciations à tous les honnêtes Français qui ont fait de Nice leur résidence de choix, mais n'en connaissent pas le caractère et le fond, par le seul fait qu'ils n'en ont qu'une connaissance faussée par la lecture de ces journaux qui cherchent en toute chose la question de patriotisme, de nationalité, qui inventent à tout propos des complots et volent partout des conspirateurs.

Et pour qu'il n'y ait pas d'équivoque, nous déclarons tout d'abord que lorsque nous faisons appel à l'impartialité des

Français, nous ne voulons établir d'aucune façon une fâcheuse distinction entre français et niçois. En effet nous n'entendons désigner par le mot *Français*, que ceux qui ne sont pas nés à Nice, et qui par ce fait ne connaissent nos intérêts que d'après l'idée qu'ils s'en font en lisant les journaux qui ont inventé de plein pied un patriotisme nouvelle manière, et dont ils ont fait une marchandise et une vraie exploitation soumise aux circonstances et aux événements.

Les Français qui ne connaissent pas l'histoire de Nice, ont applaudi de bon compte à l'inauguration de ce monument qui a rappelé les plus tristes souvenirs de discordes civiles, croyant surtout que feu le *Pensiero* n'avait eu en cette circonstance d'autre mission que d'insulter la France.

La presse locale n'hésite jamais lorsqu'elle peut agiter la question patriotique et nationale, aussi elle sut insinuer avec perfidie que les représentations d'opéra italien au Cirque cachaient une redoutable conspiration de gallophobisme et de séparatisme.

Nous n'hésitons pas à prier les français Niçois par adoption de bien vouloir nous accorder leur loyale appréciation, et ils pourront alors juger ce que veut dire le mot patriotisme à Nice, et en quelles mains est confié le patriotisme français.

— :o: —

II

MUSIQUE ET POLITIQUE

On dit que le Préfet Henry, dont nous aurons à nous occuper plus loin, a été un de ceux qui se sont le plus démenés pour abolir à Nice l'opéra italien.

Et cela n'a étonné personne, car le Préfet Henry, nul ne l'ignore, aime Nice ou, pour mieux dire, le séjour à Nice. — Or, comme il y a d'autres préfets qui l'aiment également, le chef actuel du département, pour rendre nécessaire sa présence parmi nous, a besoin de frapper de temps en temps quelque grand coup ; ainsi il a soin de soigner avec amour en la faisant revivre, l'idée du séparatisme sans laquelle on se figurerait à Paris qu'il est par trop commode de gouverner ce département, favorisé à tous les points de vue.

Cette intromission de M. Henry explique aisément pourquoi l'opéra italien a été banni de notre grand théâtre.

A voir l'attitude du Préfet, on aurait cru vraiment que le patriotisme était en danger sur la scène du théâtre de la rue St-François-de-Paule. Aussi M. Henry, voulant se créer un nouveau titre à la reconnaissance de la France, s'est empressé de supprimer ces *vieilles machines;* comme on les a appelées ici, sans s'apercevoir que, pendant qu'on les faisait sortir

par une porte dérobée, elles rentraient plus triomphantes
que jamais par la Grande Porte, grâce au travestissement
français dont on les affublait, mais il faut bien se l'avouer,
souvent à leur désavantage.

Depuis quatre-vingts ans que le théâtre a été bâti à Nice,
c'est la première fois que l'on a vu un Préfet donner la
mesure de ses qualités administratives, en s'occupant plus
ou moins directement d'une question musicale, et lui
donner une couleur non-seulement politique mais nationale.
Cela donne à vrai dire une haute idée du génie inventif du
Préfet des Alpes-Maritimes.

Et cependant notre grand théâtre a toujours coulé une vie
paisible et tranquille au milieu des partis qui se sont tumul-
tueusement agités dans la localité, et au moment de l'annexion, alors que Nice a changé sa nationalité, notre grande
scène théâtrale ne s'est pas aperçue de ce changement
pourtant si considérable qui s'est opéré dans le Pays.

Depuis l'époque de la création à Nice d'un opéra jusqu'à
nos jours, il était de bon goût, en entrant au théâtre, de
laisser, comme l'on dit, au vestiaire, toute idée politique, et
si quelquefois, et cela rarement, il y a eu des soirées agitées
et tumultueuses, le patriotisme, pas plus l'italien que le
français, n'avait qu'y faire. Les artistes seuls intéressaient les
spectateurs et l'exécution musicale d'une partition passion-
nait uniquement l'auditoire. Tous les partis sacrifiaient pour
quelques heures leurs rancunes et leurs divergences sur
l'autel de l'art.

Avant l'annexion, l'opéra italien a quelquefois été remplacé par l'opéra français, et si l'on revenait ensuite à l'ancien
système, il est juste de dire que dans cette alternative,
aucune idée politique ne se faisait jour et jamais les italiens
d'alors n'eurent un seul instant la pensée que l'opéra français

au théâtre municipal cachait une idée de propagande séparatiste.

Or, il est à remarquer qu'il y avait à cette époque à Nice,
un consul de France qui faisait ouvertement de la propagande anti-italienne, et cela sans que le gouvernement s'en
inquiétat autrement, ce qui prouve que les monarchies sur
le terrain de la tolérance, peuvent quelquefois rendre des
points aux républiques et aux républicains.

Sous le règne de Napoléon, alors qu'il y avait comme
préfet à Nice M. Gavini, qui n'était cependant pas tendre
envers les séparatistes, qu'il envoyait pour un rien à la frontière, l'opéra italien continuait à faire fureur sur notre scène
lyrique et après un essai infructueux pour établir l'opéra
français à Nice, l'on fut obligé de revenir à l'opéra italien.
Mais à cette époque, personne, au grand jamais, ne s'est avisé
ni a osé voir dans ces différents changements, une question
politique, et encore moins une question nationale.

L'idée nationale à propos de musique, commença timidement à percer sous l'administration Raynaud.

Tout le monde, les adversaires compris, fut obligé
d'avouer que l'administration Raynaud a été un modèle
d'activité, d'honnêteté, et comme la tranquillité régnait
partout et que les finances municipales s'amélioraient de
jour en jour, les marchands de ce soit-disant patriotisme,
qui a toujours causé des troubles dans notre ville, furent
réduits au silence.

Cet état de choses n'était pas du goût des *patriotards*,
auxquels le moindre incident servait de prétexte à leurs
desseins. Aussi, commencèrent-ils à crier au séparatisme du
Conseil municipal, et ne sachant à quel Saint se vouer, ils
s'en prirent au théâtre municipal, auquel ils firent une
guerre sourde de tous les jours.

Cette guerre devint plus bruyante sous l'administration Borriglione. C'est par l'art que l'on attacha le grelot ; la guerre fut dirigée contre la musique italienne et contre les *vieilles machines* qui passèrent depuis parmi les niçois à l'état de proverbe, et fournirent au gros public une si large part de rires et de quolibets.

Afin de légitimer la campagne qui se poursuivait contre l'opéra italien à Nice, on eut d'abord recours au mensonge. Ainsi on colporta partout que le génie italien était fini, que la productivité musicale avait cessé et qu'il fallait par conséquent dans l'intérêt de Nice qui avait soif de nouveauté bannir la musique italienne.

L'on promit monts et merveilles, mais surtout on traita de calomnieux, le bruit mis en circulation, que pour implanter l'opéra français, il était nécessaire d'augmenter la subvention et cela au grand préjudice des finances municipales,

Tout le monde s'aperçut du danger que présentait un tel changement, au double point de vue de la réussite de la saison d'hiver et des finances municipales.

Ainsi, on transforma en question politique, voire même nationale, une question d'art. Et tous les journaux se mirent à crier à l'unisson que le Théâtre Municipal était un foyer d'italianisme.

Et dire qu'il a fallu trente ans d'annexion pour s'apercevoir que le Théâtre Municipal cachait da..s ses flancs une propagande séparatiste ! Et cela, malgré l'Empire qui, quoique ayant à sa disposition une admirable police et de fins limiers, ne s'en était cependant jamais aperçu,

Le Conseil Municipal qui fut élu à cette époque, savait à quoi s'en tenir sur le crédit à accorder à ces accusations. Mais par suite de cette absence de caractère dont nous avons parlé plus haut, et sous l'empire de cette sainte terreur des

journaux qui donne la chair de poule aux personnes timides,
tout sentiment de justice et d'équité fut écarté. Et ces mêmes
conseillers, qui, en majorité étaient convaincus dans
leur for intérieur de la bêtise qu'ils allaient commettre,
n'hésitèrent pas à voter la mort de l'opéra italien, de crainte
d'être traités de mauvais Français et de gallophobes.

Et maintenant, quel a été le résultat de tout cela ? Le
résultat, malheureusement, tout le monde le connaît. Il a
fallu d'abord augmenter la subvention théâtrale et cela au
grand préjudice de nos finances municipales, comme nous
le démontrerons plus loin. Et malgré cette subvention
scandaleuse nous avons eu et nous avons des représentations
plus scandaleuses encore, dont une ville de province de
vingtième ordre ne voudrait pas, et qui ont profondément
dégoûté la colonie étrangère et la fine fleur de la population
niçoise.

De telle façon que ce qui devait former le principal attrait
de notre saison d'hiver, a été une cause de mécontentement
universel.

Ainsi, pour plaire à quelques folliculaires, les Niçois sont
forcés de faire de grands sacrifices d'argent, et cela pour
avoir des représentations qui écœurent l'élément étranger
et le forcent à déserter notre pays.

Qui est-ce qui a oublié les représentations du théâtre italien ?

La salle de la rue Saint-François-de-Paule réunissait tout
ce qu'il y avait à Nice d'élégant et de select parmi la colonie
étrangère et l'élément niçois. Les opéras étaient montés avec
un goût artistique, et mis en scène après une longue étude,
et si l'entrepreneur se fut avisé de négliger l'art au bénéfice
de la recette, il était immédiatement rappelé à l'ordre et à
l'accomplissement de ses devoirs par une commission
théâtrale sévère et implacable.

Avec une subvention minime de soixante mille francs à peine, l'entrepreneur était obligé de monter deux grands ballets et plusieurs moins importants. Et quoique les matinées, qui cependant fournissent aujourd'hui une belle recette de plusieurs milliers de francs, ne fussent pas autorisées à cette époque, nous avons entendu et applaudi au Théâtre Municipal des artistes de premier ordre, et assisté à des soirées de gala, remarquables par le concours et l'élégance des spectateurs ainsi que par la parfaite exécution musicale des œuvres que l'on y a représenté.

En un mot, d'après l'avis unanime, l'opéra formait le plus brillant attrait de nos saisons d'hiver.

Que s'est-il passé depuis à la salle de la rue Saint-François-de-Paule ? Il est superflu de le rappeler et malheureusement ce qui se passera par la suite, on peut facilement le prévoir.

L'art a déserté notre grand théâtre. C'est la prostitution de l'art qui y règne en maîtresse absolue. Nous voyons la spéculation la plus effrontée présider à certaines représentations soi-disant de gala, mais qui constituent en réalité pour Nice une honte sans égale et un vol manifeste pour les deniers publics.

Les artistes ne sont ni de premier ni de second rang, car en général, ils n'appartiennent à aucun rang ; la mise en scène est misérable, les costumes ridicules et quelquefois indécents. L'orchestre est rarement sûr de lui-même, et cela faute de répétitions. Cela n'étonnera personne en sachant qu'il arrive assez souvent que pour monter un opéra on accorde au chef d'orchestre vingt-quatre heures tout au plus. C'est à ne pas y croire.

Les *vieilles machines* italiennes, que l'on avait voulu tourner en ridicule, et qui n'ont servi au contraire qu'à couvrir de ridicule les inventeurs de cette satire peu heureuse, il faut en

convenir, sont encore celles qui attirent le plus de monde à
la salle de la rue Saint François-de-Paule, et qui sont le plus
appréciées par le public, dont l'oreille est agréablement
et doucement caressée par les mélodies d'antan. Ainsi les
Traviata, les *Trovatore,* les *Favorite* et les *Ernani* et autres
vieilleries ont seules le mérite de briller sur notre principale
scène, qu'aucune nouveauté n'est encore venue éclairer.

Mais à quoi bon parler des *Traviata,* d'*Ernani* et surtout
des *Favorite,* lorsque leur exécution a été une honte et un
vrai scandale, dont non-seulement aucune petite ville de
province, mais aucun village n'aurait voulu ?

Et malgré cela, il y a eu un journal, celui de Borriglione,
qui a eu le cynisme de prendre la défense des représentations qui ont eu lieu au Théâtre Municipal, et de crier bien
haut que la campagne que l'on menait contre Lafon, l'encais-
seur des deniers du public, était une campagne gallophobe.

Mais à ce compte là tout le monde serait gallophobe à
Nice ; on ne s'explique donc pas le zèle intempestif que
déploie le soporifique rédacteur en chef de l'organe du
sénateur Borriglione.

Du temps où l'opéra italien faisait fureur à Nice, il n'y
avait pas de critique plus sévère, plus implacable des
représentations théâtrales, que celle du rédacteur de ce
journal italien qui a été supprimé et dont le mérite de la
suppression fut vivement et également disputé par tous les
hommes politiques ou non, depuis Raiberti, le député
omnibus, jusqu'à l'ineffable rédacteur du *Petit Niçois.*

Les journaux qui étaient opposés à l'opéra italien se sont
naturellement montrés d'une tendresse inouïe envers l'opéra
français, et cependant leur devoir, leur intérêt même
auraient dû leur conseiller de se montrer sévères envers les
entrepreneurs, et cela afin d'obtenir que les représentations

de l'opéra français fussent par la manière dont elles auraient été exécutées et interprétées, dignes au moins de soutenir la comparaison avec celles données lors de l'opéra italien.

Le contraire est arrivé : on a laissé les entrepreneurs faire à leur guise, on a même poussé l'outrecuidance jusqu'à faire des éloges de certaines représentations qui furent un véritable scandale. Or, qu'est-il arrivé ? C'est que ces mêmes journaux qui avaient combattu à outrance, en faveur de l'opéra français, ont été la cause de son discrédit.

Et cependant, si nous établissons une comparaison entre le budget de la ville de Nice, et le nombre de ses habitants, nous trouvons que le Théâtre-Municipal de Nice, reçoit une subvention qui est supérieure à celle des Théâtres non-seulement de France, mais de toute l'Europe et même d'Amérique.

En tenant compte du nombre de ses habitants, Paris devrait donner, en proportion, au Théâtre de l'Opéra, une subvention de quatre millions, tandis qu'on ne lui alloue que neuf cent mille francs.

Nous ne savons pas précisément ce qu'a coûté la construction de notre théâtre, mais il est de notoriété publique, que la somme employée dépasse les deux millions. Et si l'on ajoute à cette somme les frais d'entretien du bâtiment, les primes d'assurances, les 135.000 francs de la subvention, les dépenses pour les décors et l'éclairage, notre budget municipal est grevé, pour le seul théâtre, d'une somme de trois cent mille francs par an. C'est-à-dire, que la dixième partie de notre budget est *dévorée* (ce mot nous paraît juste), pour offrir aux étrangers des représentations indécentes qui ont fait déserter la salle de la rue Saint François-de-Paule, et nous ont discrédité auprès des personnes qui, de bonne foi, viennent à Nice, non-seulement pour jouir du soleil, mais pour y trouver des distractions honnêtes.

Chaque citoyen de Nice doit voir ses impôts augmentés du dix pour cent, afin d'avoir des spectacles qui, au dire des personnes impartiales, constituent un véritable scandale, et le niçois qui paye, s'il ose se récrier ou protester, est traité de séparatiste par un de ces folliculaires, qui lui, probablement, ne paye pas d'impôt, et qui, à coup sûr, jouit gratuitement de ces entrées qui coûtent si cher à la bourse du pauvre contribuable.

Ne vous semble-t-il pas que ce soit un drôle de patriotisme celui qui s'exerce avec l'argent d'autrui ? Et ne vous semble-t-il pas que ceux qui ont leurs entrées gratuites ou qui se carrent commodément dans une loge offerte par un entrepreneur qui se montre généreux avec l'argent des contribuables, ne vous semble-t-il pas qu'ils ont une jolie dose d'effronterie pour vouloir imposer leurs caprices artistiques, qui ne leur coûtent rien, à ceux qui payent bel et bien sous la double forme d'impôts et de billets d'entrée ?

Et ne vous semble-t-il pas que le procédé de ces personnes qui commandent en maîtres, avec l'argent des autres, constitue une véritable insolence, lorsque au nom du patriotisme elles s'indignent, et, prostituant la sainte parole du patriotisme, elles donnent le change en transformant une question d'art en une question politique et, ce qui est plus, en une question nationale ?

Les représentations italiennes ont-elles jamais fourni le plus léger prétexte à des manifestations patriotiques intéressées ? Le théâtre italien, tout le monde le sait, était devenu le temple de l'art et c'est à ce genre de spectacles que les Niçois sont redevables d'être devenus des dilettanti de goût et d'être doués d'une ouïe musicale. Et si ces qualités disparaissent petit à petit, ce qui ne fait pas le moindre doute,

2

à qui la faute, sinon à la négation artistique de certaines représentations qui coûtent cependant si cher ?

L'on ne saurait nier que le théâtre italien a été le rendez-vous sérieux, respectable et respecté de toutes les élégances aussi bien étrangères que locales.

Qu'est-il arrivé depuis ?

Dès le début de l'opéra français, nous avons assisté à une scène où le grotesque se mêlait au ridicule.

Nous avons vu sur le devant de rampe, l'entrepreneur embrasser devant tout le public le chef d'orchestre comme s'il avait sauvé la France et Nice avec cette première représentation française. Le souvenir de cette scène ridicule qui a eu pour spectateurs une masse d'étrangers qui ne revenaient pas de la surprise et de l'étonnement, constitue une des pages les plus comiques de l'histoire de notre grand théâtre.

Nous avons vu plus tard les partisans les plus enragés de l'opéra français, se livrer à des scènes bruyantes et scanda-leuses envers la commission théâtrale qui cependant était favorable à l'opéra français, et cela parce que cette commis-sion usant de son droit, avait refusé d'accepter des artistes jugés incapables par un public intelligent.

Mais ce qui est vraiment incroyable c'est que les scènes scandaleuses étaient l'œuvre de ce même entrepreneur *aux embrassades* qui s'était mis ouvertement en état de révolte contre le verdict de la commission théâtrale.

Et croyez-vous que la commission théâtrale ait songé un seul instant à prendre contre cet entrepreneur quelque mesure de rigueur ? Que nenni ! Si ces messieurs s'étaient seulement avisés de faire une simple observation, on les aurait traités de séparatistes. Pouvait-on décemment poursui-vre un entrepreneur qui en embrassant en public le chef d'orchestre avait sauvé l'idée nationale à Nice ?

A l'époque où la guerre aux vieilles machines italiennes était le plus acharnée, lorsque l'opéra italien fut aboli sur la scène de notre théâtre, on ne manqua pas de promettre que l'on aurait eu soin de nous donner tous les ans les opéras nouveaux les plus en vogue de l'époque.

Et en fait de nouveautés on nous a servi à nouveaux, les vieilles machines !

Il ne manque pas cependant d'opéras nouveaux, on les représente sur les principaux théâtres d'Europe.

Et pourquoi à Nice où la subvention est énorme, sommes-nous réduits à entendre rabâcher les éternels Trouvères avec les non moins éternelles Favorites et Juives ?

On nous a fait entendre il est vrai, la Cavalleria Rusticana, mais au prix de quels contrastes et de quelles oppositions...

Les marchands habituels du patriotisme ne pouvaient en prendre leur parti, et le soir de la première représentation nous avons vu un des écrivassiers du journal dévoué à Raiberti, se mettre courageusement à siffler au grand étonnement de la salle entière pendant que les applaudissements éclataient de partout.

Tout le monde se montra indigné d'un tel procédé, depuis le parterre jusqu'aux loges et au paradis.

Nous avons voulu rappeler ce fait dans le double but de prouver l'arrogance de ces personnes, qui ne payant pas, veulent imposer leur goût à ceux qui payent et démontrer ensuite où en est réduite la salle de la rue Saint François-de-Paule si élégante jadis et si sérieuse.

Mais ce n'est pas tout.

Il y a quelques jours à peine, un écrivassier quelconque récemment débarqué à Nice, on ne sait d'où, publia un pamphlet dans lequel il attaquait vivement la municipalité. Et savez-vous pourquoi ? Parce qu'elle avait osé refuser à lui, un journaliste, l'autorisation de vendre dans l'enceinte du théâtre municipal, un journal d'annonces qu'il avait publié, et parceque cette même municipalité n'avait pas voulu accorder la salle de notre grand théâtre à une baronne ou comtesse bien connue à Nice, qui voulait se produire sur notre grande scène, dans une pièce où elle aurait figuré et comme auteur et comme actrice.

Et ce journaliste, cela va sans dire, voulant imiter ses collègues s'est fait lui aussi le champion de l'honneur de la France à Nice; lui aussi emploie le mot *signor* en signe de mépris et d'insulte, et lui aussi s'est installé professeur du nouveau patriotisme.

De sorte que la salle jadis si aristocratique et si sérieuse de la rue Saint François-de-Paule, que nous avons vue depuis en proie à des scènes scandaleuses et bruyantes, si on laissait faire ces messieurs, nous ne tarderions pas à la voir transformée en une salle de beuglant, dans laquelle pendant les entr'actes, nous verrions les garçons de café traverser les rangs des banquettes, le plateau en l'air, et nous les entendrions crier à tue-tête : Bière-Gazeuse !

Et tout cela, Français, sous l'égide du nom sacré du patriotisme, et pour l'intégrité du territoire national !

III

LA CONSPIRATION DU CIRQUE

Au Cirque aussi, la France fut sauvée par les boutiquiers du patriotisme et par ceux qui, ayant un contrat de publicité avec le Directeur du Théâtre Municipal, craignaient qu'une comparaison par trop significative, n'eut à porter préjudice aux intérêts de Messire Lafon qui, avec peu de travail et de fatigue, s'enrichissait avec les deniers du pays et avec la sueur des contribuables.

On fit tant de bruit à propos des représentations du Cirque, et le nom de la France fut alors tellement profané par ceux qui de ce nom se sont fait, à Nice, les accapareurs, que pour mettre en pleine lumière les agissements des patriotards habituels, nous croyons devoir faire mention de la terrible conspiration gallophobe du Cirque.

La chose, en elle-même, est assez ridicule ; mais les intéressés crièrent si fort et parlèrent si effrontément d'une conspiration, à l'existence de laquelle ils ne prêtaient eux-mêmes aucune croyance, que beaucoup de Français, qui, nous le répétons, ne connaissent pas nos affaires locales, parce qu'ils ne lisent d'autres journaux que ceux qui ont intérêt à fausser la vérité, que beaucoup de Français, disons-nous, tombèrent dans le piège, et crurent de bonne foi, qu'il devait y avoir quelque chose de vrai dans les accusations de la presse, dévouée aux intérêts de l'entreprise théâtrale.

La généralité se disait qu'il n'y a pas de fumée sans feu, ne pensant certes pas que, comme la fumée n'était pas du côté du Cirque, le feu pouvait par conséquent très-bien se trouver parmi ceux qui clamaient plus fort, pour faire croire à l'existence d'un incendie allumé par les gallophobes. Et toutes ces protestations n'avaient pour le moment qu'un but, l'intérêt d'un homme qui était largement payé par la Ville, au détriment des deniers des contribuables, pour donner au Grand-Théâtre des spectacles plus que honteux !

Voici maintenant, *ab ovo*, l'historique véridique des représentations du Cirque. Nous faisons appel à l'impartialité des Français de bonne foi, qui ont été en cette occasion indignement trompés par une certaine presse, les laissant se prononcer sur la gravité des accusations d'un parti ayant intérêt à voir partout des gallophobes, à découvrir toujours quelque conspiration séparatiste.

Il y a deux ans environ, quelques jours après la clôture du Théâtre Municipal, le bruit se répandit qu'un impresario italien avait demandé à louer la salle du Cirque pour y donner quelques représentations en langue italienne.

Ce bruit fut d'abord accueilli par l'incrédulité, et ensuite qui le croirait ? par un sentiment de mauvaise humeur, spécialement parmi tous ceux qui avaient conservé un culte pour la musique italienne.

Que peut, se disait-on, faire un homme inconnu, dépourvu de ressources et muni d'une troupe plus que secon-

daire, sinon compromettre à Nice, le prestige de la
musique Italienne ?

Beaucoup même, parmi les soupçonneux, n'étaient pas
éloignés de croire que cet impresario n'était qu'un homme
de paille, qui pouvait bien représenter les intérêts et les
rancunes de ceux qui, voulant donner le coup de grâce
à l'opéra italien, ne demandaient pas mieux qu'à voir une
série de représentations déplorables, soit au point de vue
de l'exécution, soit au point de vue du choix.

Ces soupçons étaient en partie justifiés par les agissements du Directeur lui-même qui, contrairement à l'usage,
ne portait nullement ses artistes aux nues ; bien au contraire (qu'on me passe l'expression), il ravalait sa marchandise, en disant que sa troupe n'était qu'un ramassis
d'artistes inconnus, de débutants, dans lesquels il n'avait
aucune confiance.

Cet impresario d'un genre nouveau, qui était un ancien
chanteur lui-même, était venu à Nice dépourvu de ressources ; il paraît même que les artistes avaient juste de
quoi faire le voyage, et ceci explique les tiraillements et
les difficultés qui précédèrent les premières représentations,
ce qui fit croire au public, que le Cirque serait fermé
avant d'ouvrir !

L'orchestre, avait été recruté au petit bonheur ; les
artistes n'étaient certainement pas des meilleurs, mais, par
un heureux hasard, le chef d'orchestre était un homme
jeune, instruit, énergique, qui connaissait son affaire et pos-
sédait le feu sacré, celui de l'art, ce sentiment qu'il faut
sentir en soi-même et communiquer aux autres.

Ce Bonazzi, qui a eu ces jours-ci à subir les insultes d'un
écrivassier inconnu, d'un rastaquouère de la plume, consa-
cra toute son activité, tout son talent artistique à la réussite

de l'audacieuse tentative qui devait provoquer tant de craintes simulées aux gardiens à Nice, du patriotisme français.

Un samedi tout était prêt, lorsqu'on fit relâche et la
représentation fut renvoyée au lundi suivant ! Pourquoi ?

Parce que M. Bonazzi avait estimé que l'orchestre man-
quait d'ensemble, que l'interprétation laissait quelque peu
à désirer et qu'il y avait encore absolument besoin de répétitions.

L'impresario qui voyait ainsi s'envoler deux excellentes
recettes, criait, jurait, protestait, mais tout fut inutile, et
Bonazzi ne se dédit pas. Aux sollicitations des amis et con-
naissances, il répondait que sa dignité artistique ne pouvait
lui permettre de laisser jouer un ouvrage insuffisamment
préparé.

J'ai cité ce fait à dessein, afin qu'on le médite et qu'on
fasse la comparaison avec les représentations improvisées et
indécentes du Théâtre Municipal.

Les représentations eurent enfin lieu au Cirque, et, malgré
que l'on manquât de tout, le succès dépassa toutes les espé-
rances, les journaux dévoués à M. Lafon, eux-mêmes, durent
faire, contre mauvaise fortune, bon cœur, et constater la
réussite d'un spectacle implanté sans soutien, ni aide, au milieu
de toutes espèces de difficultés.

Il y eut des journaux qui en parlant de Bonazzi arrivèrent
presque à la note enthousiaste. Un journal mondain im-
prima même que, pour assurer la réussite de la saison au
Grand Théâtre, M. Bonazzi aurait du être engagé par M.
Lafon. Un autre, celui des Pilates et Corinaldi, écrivit *qu'il
voulait rendre tout de suite hommage au chef d'orchestre
M. Bonazzi, qui conduit ses musiciens avec une science et une
compétence remarquables.* — Ce même journal ajoutait : *Je ne
crois pas m'avancer trop en disant que depuis le Maestro*

Mugnone, nous n'avons jamais eu à l'Opéra un chef de sa valeur.

Et il avait raison.

Je note en outre en passant, que de très nombreux français, étaient les spectateurs assidus de ces représentations, et que c'était eux qui donnaient le signal des applaudissements, tellement ils étaient émerveillés de voir qu'avec d'aussi faibles moyens, on pouvait obtenir d'aussi merveilleux résultats et, au risque même de passer pour des séparatistes, ne manquaient pas de faire une comparaison qui était réellement d'actualité. Ils rapellaient les soirées du Théâtre Municipal, où l'art était audacieusement prostitué à la caisse d'un impresario qui avait trouvé le secret de donner mauvais, sans que personne le critiqua, trouvant au contraire même des louanges, comme cette année dans la feuille du citoyen Borriglione !

Quoi d'étonnant si, voyant ce succès moral, on voulut l'année suivante, renouveler l'essai tout en assurant le succès matériel par des souscriptions ?

Avec un homme de la valeur artistique de Bonazzi, la réussite ne pouvait être douteuse ; on recueillit douze mille francs environ de souscriptions parmi les amateurs, et on réussit ensuite à former une assez bonne troupe.

Alors les journaux commencèrent à crier à la gallophobie, à parler de la conspiration séparatiste du Cirque ! Le bruit avait couru que les représentations auraient surpris tout le monde par leur splendide réussite et, chose étrange, plus ce bruit prenait de la consistance, plus la fureur des journaux augmentait et plus on agitait l'épouvantail du séparatisme. Un fait intentionnellement dénaturé donna aux gueulards l'occasion de feindre une colère patriotique encore plus exagérée contre la fameuse conspiration.

A l'occasion du 25me anniversaire de la proclamation de

Rome comme capitale de l'Italie, beaucoup de Niçois s'y
étaient rendus. Tout le monde sait combien nos concitoyens,
toujours divisés ici, sont au contraire parfaitement unis au
dehors. Rien de plus naturel que les Niçois arrivés à Rome,
se réunissent au moins une fois tous ensemble dans un
même banquet. Par le plus grand des hasards, à la fin du
dîner on vit apparaître Menotti Garibaldi.

Sans discours, il n'y a pas de banquet possible. Un des
convives prononça quelques paroles à l'adresse du fils de
notre grand héros. Menotti très ému répondit brièvement
et termina en buvant à l'union des races latines et à
l'alliance de la France et de l'Italie. Or qui le croirait ?

Quelques journaux locaux s'emparèrent de ce fait et pour
entraver les représentations d'opéra Italien au Cirque —
eurent le toupet d'affirmer qu'on avait à ce banquet prononcé
des discours séparatistes et même conspiré contre la France !
On osa même ajouter un autre mensonge. Que les représentations à donner au Cirque, avaient été organisées à Rome,
pendant les susdites fêtes qui eurent lieu en Septembre,
tandis que depuis le mois de Juin, le Maestro Bonazzi s'était
déjà rendu à Milan, pour former la troupe !

Naturellement, les journaux Parisiens suivirent le mouvement, et prenant à la lettre les mensonges des journaux,
mirent le Gouvernement en garde contre le parti
séparatiste qui, pour mieux cacher une conspiration gallophobe, avait pensé à monter l'Opéra Italien !

Tout cela n'aurait pas empêché les représentations d'avoir
lieu, mais un petit incident mit le feu aux poudres. Toujours l'histoire de l'étincelle qui allume l'incendie.

Tout était prêt au Cirque et *Gioconda* devait passer dans
quelques jours, lorsque la direction décida de faire une
espèce de répétition générale.

L'opéra avait été soigneusement préparé par le Maestro
Bonazzi. Il y avait apporté tant de maestria, tant de conscience artistique, il avait tellement soigné les effets musicaux, tellement respecté les nuances (l'artiste chargée du
rôle de « Gioconda » aurait pu figurer sans danger sur
les principaux théâtres) ; enfin, tout était si bien monté, que
le succès en fut éclatant, et les quelques personnes présentes
en furent absolument surprises. Certainement une « Gioconda » pareille aurait produit sur le public une profonde
impression que l'on aurait difficilement pu effacer.

Il y avait parmi les spectateurs un employé du Théâtre
Municipal qui, le soir même, rencontra M. Lafon.

— Eh bien, comment ça marche-t-il au Cirque ? lui
demanda celui-ci.

L'employé s'empressa de lui donner très fidèlement son
opinion, en ajoutant tout naturellement que le souvenir de
Gioconda, aurait tristement pesé sur les représentations im-
minentes du Grand Théâtre ! Celui-ci devait, en effet ouvrir
ses portes un mois après.

Les attaques envers le Cirque devinrent alors plus violentes,
on exhuma la prétendue conspiration de Rome, un Conseiller
Municipal même fit pression sur le Maire, Comte de Malausséna, dont le caractère est un mélange étonnant d'entêtement
et de faiblesse, et quelques jours après, alors que l'on allait
commencer la vraie répétition générale de Gioconda, M. X...
commissaire spécial à la Gare, sachant commettre une
violation de domicile, se présenta très timidement au Théâtre pour notifier les ordres supérieurs ; on le força à monter
sur la scène, d'où il déclara que par ordre du Préfet, le
Cirque était fermé et que toute répétition était interdite.

Voilà, ô français honnêtes, qui avez été continuellement

bernés par des provocateurs, la fameuse conspiration gallophobe du Cirque !

Il y avait entre choristes, musiciens, machinistes et
artistes, au moins 120 personnes. — Une grande partie
des appartements des environs du Théâtre avaient été
loués par le personnel de la Compagnie, les commerçants
des alentours étaient dans la jubilation, espérant faire des
affaires. On ne s'en soucia nullement ; tout cela dans
l'intérêt d'un directeur qui touche plus de 1,500 francs
par soirée, pour donner des spectacles dérisoires et ridicules,
tandis que ceux du Cirque n'araient pas coûté un centime
aux contribuables.

Cela est, je le répète, toute la conspiration du Cirque,
grâce à laquelle peu s'en fallut qu'on ne mit en ébullition
la France entière, et ce n'est que grâce à elle qu'on put
plus tard supprimer le *Pensiero di Nizza*, qui avait eu,
selon son habitude, le tort de dire ce qu'il pensait à
M. Henry, ce Préfet modèle que nous connaissons tous.

IV

MONSIEUR LE PRÉFET HENRY

M. Henry est un homme de talent, je serai presque tenté de dire que c'est un homme de génie.

En effet, M. Henry a eu l'intelligence et le génie de continuer à rester à Nice pendant de longues années, en qualité de Préfet ; il s'y est même crânement maintenu, malgré que les journalistes parisiens l'aient passé à tabac.

Et dire que lorsque M. Henry reçut cet inoubliable affront, un journal seul eut le courage de protester et de le défendre, et cependant M. Henry a fait tout son possible pour faire disparaître ce journal !

Voilà où peut arriver l'ingratitude humaine ; à détruire celui qui vous a défendu dans votre honneur !

Cependant si M. Henry est un homme de talent, il est malheureusement en même temps un peu trop ombrageux, et les fibres de son amour-propre sont par trop sensibles !

Malheur à celui qui oserait y toucher !

L'homme du monde, l'homme qui agréablement et béatement, aime à se laisser vivre, se monte, et alors Epicure brandit la massue d'Hercule et gare aux Cacus, gare aux malheureux qui ont eu l'audace de s'attaquer à ce géant administratif.

C'est justement parce que M. Henry est irritable que je me sens un peu gêné en parlant de lui.

Figurez-vous ça ! La mort du journal dont je parlais tout à l'heure, est principalement due à une épithète qui a eu le malheur d'agacer les fibres très délicates du Préfet des Alpes-Maritimes.

Ce malheureux journal, s'étant un jour inspiré de Plutarque, voulut audacieusement essayer de faire la biographie de ce Vice-Roi des Alpes-Maritimes, et, oubliant l'adage *Veritas odium parit*, il dit entr'autres choses que M. Henry était un *gaudente*.

Cette épithète mit toute la Préfecture en révolution.

Vous figurez-vous une ignominie pareille !

Nous aurions pensé que Monsieur le Préfet Henry aurait pris en vrai *bon vivant* un appellatif tellement innocent, qui peut être appliqué à la personne la plus immaculée. Nous sommes persuadés que Saint Pierre n'a jamais refusé d'ouvrir les portes du Paradis à l'âme qui a mérité de son vivant d'être appelée de ce nom de *gaudente*.

Tout le ban et l'arrière ban des philosophes, des linguistes, des lettrés, des philologues fut appelé à la rescousse pour donner l'explication et la signification intime du mot « *gaudente* » et voir si en se servant habilement de pareilles épithètes, on ne pouvait pas les déverser sur la tête du téméraire écrivain et l'anéantir sous le poids de toutes les rigueurs des lois civiles, administratives et judiciaires.

Mais... la réponse de l'aréopage fut une espèce d'absolution ; on compulsa tous les dictionnaires, on fit de très grandes discussions... et on finit par conclure que ce mot était par lui-même trop jovial, pour pouvoir, même indirectement, porter atteinte à la dignité d'un fonctionnaire,

fut-il même aussi susceptible et aussi méticuleux que M.
Henry. — Quel mal y avait-il de dire à un homme qu'il
aime à se laisser vivre, qu'il aime le commerce agréable
de la société et qu'il est enclin aux jouissances permises
à tout galant-homme qui ne veut pas se faire du mauvais
sang ?

Et cependant M. Henry ne fut pas content. — Quelque
temps après l'application de l'épithète, le Préfet de Nice
dont la rage était concentrée, partit pour Paris en
compagnie de M. Raiberti, le député *omnibus* que tous
nous connaissons et .... le journal italien, qui dans le
temps avait défendu M. Henry fut condamné à mort !

Henry et Raiberti ! Je ne veux pas dire que les deux
font la paire, mais ne vous semblent-ils pas *arcades
ambo ?*

En présence donc de tant de susceptibilité irritable,
je suis assez embarassé et inquiet en parlant de M.
Henry, qui, à mon avis, représente l'Arche Sainte qui
fulmine les profanes audacieux, qui chercheraient à l'approcher de trop près. Cependant cette brochure serait
incomplète et n'aurait pas sa raison d'être, si je ne parlais
pas d'un homme qui dans l'histoire, ou pour mieux
dire dans les *gâchis* de ces dernières années, a été la
magna pars, qui a le mérite ou la faute (je crois qu'il
a la faute, la très grande faute même) d'avoir à bon
escient, entretenu dans notre pays un état de choses
équivoques et de si lamentables dissentiments.

Tous savent que Nice est une ville convoitée par tous
ceux qui ont le bonheur ou le malheur d'émarger au
bilan de la nation. — M. Henry, à l'instar d'un grand
nombre de ses prédécesseurs, a eu grand soin d'arranger les
choses de façon a y rester le plus longtemps possible,

et s'il y reste depuis tant de temps, c'est parce qu'il a présenté et qu'il présente au Gouvernement Central les choses sous un tel aspect, que celui-ci doit croire non-seulement inopportun, mais même dangereux ou mauvais un changement quelconque de personnel.

Il faut en définitive qu'il fasse croire au Gouvernement que sa présence à Nice est non-seulement nécessaire, mais indispensable ; pour cela il faut se mettre en évidence, provoquer même des faits qui fassent du bruit et réveiller aux moments opportuns, l'épouvantail du séparatisme, qui est la guitarre de prédilection sur laquelle les journaux pincent à date fixe leurs airs les plus faux !

Malgré cela on trouve certain public qui applaudit, comme par exemple l'incomparable rédacteur du journal de M. Borriglione qui n'a jamais cessé d'approuver et d'applaudir toutes les fausses notes du Théâtre Municipal !

Les faits n'ont pas manqué à M. Henry, et c'est surtout pour se tenir en équilibre, qu'il fut l'un des plus féroces justiciers de l'Opéra italien, l'inspirateur du monument du Centenaire, l'ordonnateur de la fermeture du Cirque.

Quelle doit être l'idée, la pensée, le but final d'un vrai administrateur ?

Il nous semble que le but doit être d'écarter tout conflit, d'assoupir toutes les questions qui peuvent troubler la tranquillité publique, de garder un juste équilibre entre les divers partis ; cela ne peut s'obtenir qu'avec une administration équitable, tolérante et impartiale. — L'administrateur doit, en un mot, se garder par dessus tout de prendre des mesures extraordinaires qui peuvent laisser une queue de mécontentement dans le pays, qui peuvent tenir éveillée la désunion des partis et donner lieu,

dans un temps plus ou moins éloigné, à de douloureuses
et violentes polémiques, qui perpétueraient l'agitation, au
détriment du calme et de la tranquillité populaire.

Or si tel doit être le programme d'un administrateur
sage, intelligent et impartial, le Préfet Henry s'est trompé
sur tout son programme, car tous ses grands actes, qui
à vrai dire, ne furent que de *grandes fautes*, ont eu tous
une répercussion douloureuse, et encore aujourd'hui (et
cela n'a pas besoin de preuve) sont la cause permanente
des divisions de notre pays.

Et puisque c'est aux Français, bons, honnêtes et loyaux
que je m'adresse plus spécialement, je ne voudrais pas leur
voir donner une signification injurieuse à mes paroles sur le
Monument du Centenaire — S'il y avait un souvenir
qu'il ne fallait pas réveiller, c'est bien celui-là.

Les bons Français, qui probablement ignorent l'histoire
vraie de notre pays à cette époque, ne savent pas que
ces temps-là sont un douloureux souvenir pour bien
de familles niçoises et rappellent une époque de haine
entre beaucoup de familles indigènes.

Les bons Français ignorent qu'à cette époque tristement
célèbre, à l'endroit même où le monument a été érigé,
beaucoup de citoyens furent fusillés, et ces pauvres martyrs
n'étaient coupables que d'être suspects à ceux qui avaient
intérêt à tirer parti des infortunes publiques.

A l'occasion de l'inauguration du monument, l'archiviste
du département eut l'ingénuité extrême de publier une
lettre que *Blanchi* écrivait de Paris à ses concitoyens
pour les inviter à voter. — Cette lettre qui a déjà paru
sur un livre [1] qui attend toujours des contradicteurs,

_____

(1) *Nice 1797-1814*, par G. André.

contient à l'adresse des Niçois, une phrase qui devrait
être la négation même du monument.

Cette phrase la voici :

« *La Nation française vous offre ou sa haine ou son*
« *amitié ; choisissez !*»

Ne vous semble-t-il pas que lorsque un employé de
l'État ne trouve d'autres arguments et d'autres documents
pour légitimer un fait, il rend un mauvais service à la
cause qu'il veut défendre !

Il suffit de rappeler aux bons et loyaux français que
si à Nice il y eut toujours quelques germes de séparatisme,
on le doit précisément aux faits que le monument a si
*inopportunément voulu rappeler,*de sorte que l'œuvre d'un administrateur sérieux aurait dû être de *faire oublier un passé*
qui pesait encore sur le présent, ce triste passé que seul
ce parti séparatiste dont on parle toujours, aurait intérêt à
entretenir bien vivant dans la mémoire des Niçois.

Nous n'en dirons pas davantage, craignant qu'on n'interprète nos paroles à rebours, et pour la raison que les bons et
loyaux Français peuvent en le voulant, par un peu d'étude et
de lecture, se rendre compte de la vérité de nos affirmations.

Au surplus, la publication par l'archiviste Départemental
de la lettre sus-relatée est assez significative. Pour en
finir avec un argument aussi brûlant, notons encore que
lorsque l'histoire vraie de ces temps-là fût publiée, appuyée
de documents authentiques,les écrivassiers habituels n'eurent
d'autre réponse que l'injure. Ils se ravisèrent ensuite, par
respect humain et ils promirent de répondre, mais leur
réponse est la continuité d'un silence bien plus éloquent
que n'importe quelle démonstration.

M. le Préfet Henry, sûrement dans l'idée de donner au
Gouvernement Central, la preuve de son activité et de sa

clairvoyance politique, s'est fait à Nice le promoteur de démonstrations publiques qu'il aurait dû avoir grand soin d'éviter.

Mais il faut donner signe de vie à Paris, afin que l'on nous croie là-bas nécessaires.

Le premier soin d'un fonctionnaire représentant le Gouvernement doit être de se tenir impartialement étranger aux partis ; or qui fut aussi homme de parti que M. Henry, aux dernières élections municipales, où il en arriva à laisser la police maîtresse absolue de la ville, de sorte que peu s'en fallut qu'on ne considérât les partisans de l'Administration actuelle comme des malfaiteurs, comme des ennemis de la patrie !

Et qu'on ne croie pas qu'en écrivant ainsi de M. Henry, je penche plutôt d'un côté que de l'autre et que par conséquence cette brochure est inspirée à un esprit outré de parti. Non, mais j'ajoute que si je n'avouais pas que je me réjouis un peu de l'actuelle confusion, je ne dirais pas la vérité.

N'avait-on pas écrit que le pays était divisé à cause du *Pensiero* qui tenait allumé le brandon de la discorde ? Or, jamais comme aujourd'hui, le Pays ne fut en proie à la haine et à la discorde. Et comment ne pas s'en réjouir ? La nature humaine a des faiblesses et des exigences. J'éprouve une satisfaction véritable en voyant descendre dans l'arène et se dévorer entre eux des gens qui, hier encore, étaient nos acharnés adversaires et qui aujourd'hui, en se combattant, sont très souvent forcés de donner gain de cause au *Pensiero*, en invoquant les arguments et les raisons que le journal assassiné jetait à la face de ses adversaires dans l'ardeur de sa polémique.

La confusion présente n'est-elle pas la réalisation de toutes les prévisions, de toutes les prédictions du *Pensiero di Nizza*?

Pourquoi nous plaindrions-nous donc d'un état de choses qui est notre plus splendide justification, d'un état de choses qui aurait certes pu être en partie évité, si l'ancien Maire, De Malausséna, n'eut méprisé les révélations et les vérités, qu'à chaque samedi, le *Pensiero* lui servait pendant de longues années ?

Tout ce qui est arrivé, n'a-t-il donc pas été prévu avec une précision telle de détails que les faits ont pleinement justifiés ?

L'anarchie des idées et des partis existe en ce moment à Nice, d'une manière complète. A qui la faute d'un pareil état de choses, sinon à ce pouvoir qui, au lieu de se tenir dans une parfaite neutralité, pour arriver ensuite à être au besoin l'arbitre entre les partis, s'est lancé dans la lutte, en faveur d'une faction aux dépens de l'autre ?

Le Préfet est le représentant du Pouvoir Exécutif, et, comme tel, il ne doit pactiser ni avec l'un, ni avec l'autre, et il doit assister avec impassibilité aux luttes de ses administrés.

Le Préfet doit certes tenir haut le prestige de l'autorité, et il n'y a pas de doute que dans un conflit de partis qui différeraient entr'eux par les idées, par les principes ou les opinions, le Préfet peut, et ici se montre tout son savoir et tout sor savoir faire, le Préfet, disons-nous, peut favoriser indirectement le parti qui représente le mieux l'idée gouvernementale, contre l'autre parti qui serait ouvertement opposé aux principes de la majorité. Ceci est un point extrêmement délicat, sur lequel cependant les intransigeants et intraitables gardiens du droit Constitutionnel ne *sont pas d'accord.*

Quand cependant deux partis ayant le même programme de gouvernement, ayant de plus le même programme ministériel, sont en présence, et ne sont divisés que par des rivalités de personnes, le devoir strict du Préfet n'est-il donc pas de rester tranquillement à la fenêtre, pour contempler *d'une manière calme et sereine,* les phases diverses de la lutte des deux partis combattants ?

Le Préfet doit représenter l'idée du Gouvernement, mais, lorsque cette idée est acceptée de tous les côtés, sa mission politique est toute négative, et il doit mettre en pratique l'adage économique, *laisser faire, laisser passer !*

En faisant le contraire, le Préfet sort de sa neutralité, il fait une politique personnelle, il *s'inscrit dans un parti et doit suivre le sort de son parti.*

Aux dernières élections municipales, pourquoi donc le Préfet a-t-il ouvertement favorisé un parti plutôt que l'autre ? Est-ce que les deux partis n'étaient pas et gouvernementaux et ministériels ? Et pourquoi donc si *son parti est tombé, reste-t-il debout ?* Comment le Gouvernement peut-il tolérer un pareil état de choses qui est la négation même de tout élémentaire principe de pratique constitutionnelle ?

Le Préfet n'a-t-il pas manqué à son devoir et n'a-t-il pas trompé le Gouvernement sur l'état réel des esprits à Nice ?

Les défenseurs du Préfet, il en a naturellement, affirment que M. Henry a *parfaitement* renseigné le Gouvernement des choses de Nice et que sa conduite lui a été imposée par le Gouvernement lui-même ; cela expliquerait son maintien à la préfecture des Alpes-Maritimes.

La défense nous semble pire de l'accusation ! Ou le Préfet a inexactement renseigné le Gouvernement, croyant puisque l'on croit facilement tout ce que l'on désire, au triomphe de *son* parti, et sa présence à Nice est dans ce cas moins explicable que jamais ; ou le Préfet exactement renseigné le Gouvernement et alors quelle est l'autorité de M. Henry, qui n'est pas cru sur parole par le Gouvernement qui l'emploie ?

Et dans ce cas, apparaîtrait la responsabilité de M. Raiberti qui aurait présenté à Paris une situation tout à fait contraire à la vérité !

Mais il y a encore plus.

Tout le monde se souvient de la lettre que M. Borriglione, ce grand collectionneur de petits papiers, fit publier dans son journal ; dans cette lettre le Préfet Henry écrivait à peu près au sénateur de Sospel :

Donnez un coup de pied à M. Sauvan, et moi j'appuyerai n'importe quelle liste il vous plaira de soumettre au vote des électeurs.

Il nous parait difficile *sinon impossible* de trouver une ingérence plus dévergondée dans les annales électorales d'un pays !

Or qu'est-ce qu'il advint ?

Il advint que ce même Sauvan que l'on voulait à tout prix mettre à la porte de la Mairie, y est non-seulement entré triomphalement, mais est devenu le Maire de Nice !

C'est-à-dire que M. Sauvan, si combattu et si mal traité par M. le Préfet, occupe une situation qui l'oblige à être à chaque instant en rapports officiels avec M. Henry.

Or, comment peut-on directement traiter avec quelqu'un, lorsqu'on a écrit contre lui l'incroyable lettre que M. Borriglione a fait publier ?

Si M. Henry n'était pas si susceptible, je voudrais lui dire que tout autre à sa place, aurait, pour sauvegarder sa dignité, demandé au Gouvernement une autre destination ; mais chacun est juge de sa propre dignité, nous déplorons seulement que pareil état de choses se prolonge trop long-temps ; cela porte une grave atteinte aux intérêts de Nice.

D'après les on-dit, le Gouvernement aurait déjà songé à transplanter ailleurs M. Henry ; on lui aurait offert la Préfec-ture des Bouches-du-Rhône, celle du Rhône même, mais M. Henry désirait, parait-il, comme quelques-uns de ses prédécesseurs, aller occuper un poste diplomatique quelconque. On dirait que le Gouvernement n'a pas grande confiance dans le tact diplomatique de M. Henry, ou que ne sachant pas où l'envoyer, il le laisse momentanément à son poste pour continuer à faire le bonheur des Niçois.

Nous avons voulu nous entretenir longuement sur M. le Préfet, pour prouver qu'en arrivant à Nice il mit immédiatement en pratique un genre d'administration qui n'était pas tout-à-fait destiné à produire le calme dans les esprits et à mettre les partis d'accord.

Ce n'est donc pas étonnant si actuellement les patriotards, appuyés par la Préfecture, ont eu beau jeu et que ces boutiquiers du patriotisme aient encore une fois mis en question le séparatisme.

Il fallait, pour faire parade de sa propre valeur, faire ressusciter le séparatisme. Il fallait, pour se rendre indispensable à Nice, prouver la gravité des circonstances, et au besoin, donner même de sa personne.

Lorsque la Colonie Italienne décida, à l'occasion des noces d'argent de LL. MM. Italiennes, d'envoyer un parchemin à Rome, on chercha à donner à cet acte une nuance tranchée de séparatisme, et les journaux se chargèrent, comme d'habitude, de la besogne, en faisant une charge à fond de train contre la nouvelle conspiration des gallophobes niçois.

Mais quelqu'un veillait pour conjurer le danger, et le Préfet Henry paya courageusement de sa personne; l'histoire en est assez curieuse.

M. le Marquis Carcano, Consul d'Italie à Nice, qui se chargea gracieusement de porter à Rome le parchemin en question, consentit, on n'a jamais su pourquoi, à se laisser accompagner par son ami Henry, qui était, bien entendu, au courant de tout.

Est-ce que le cas d'un préfet français, accompagnant à

Rome un consul italien porteur d'un parchemin pour, le Roi d'Italie, ne vous paraît pas extraordinaire ?

Et l'italianisme de ce Consul qui se fait accompagner à Rome par un préfet français, ne vous semble-t-il pas assez curieux ?

Le fait est que M. Henry retourna de Rome avec la croix de commandeur des SS. Maurice et Lazare. Je dois cependant confesser qu'il ne l'a jamais dit à personne.

Il faut pourtant confesser aussi que le fait est non-seulement nouveau, mais édifiant. — Voit-on d'ici le spectacle d'un persécuteur acharné des Italiens à Nice, du futur exécuteur d'un journal imprimé à Nice en italien, s'en allant à Rome au moment même de la soi-disant persécution séparatiste et en retournant... porteur d'une haute décoration italienne !

C'est plus que fin-de-siècle !

V

LE DÉPUTÉ RAIBERTI

———

Je crois que le meilleur moyen pour faire connaître la vérité des choses, consiste à dire exactement la vérité sur les hommes qui, dans ces derniers temps, ont fait le plus de bruit autour du séparatisme, tout cela dans le but de pouvoir se flatter d'avoir sauvé, ou à peu près sauvé, l'honneur de la France à Nice.

Si nous établissons cependant, que les mêmes individus avaient, soit intérêt à susciter l'épouvantail du séparatisme, soit des relations politiques suivies avec ceux qui passaient pour des séparatistes, n'aurons-nous pas suffisamment et clairement démontré que le patriotisme de ces soi-disant sauveurs de l'honneur de la France, ne doit être accepté que sous bénéfice d'inventaire ?

N'aurons-nous pas démontré et établi que les bons français, les bons patriotes ont été depuis longtemps et sont encore actuellement indignement trompés par ceux qui passent pour être les plus chauds soutiens de l'idée française à Nice ? N'aurons-nous pas en un mot, suffisamment prouvé que ceux qui tiennent éveillée à Nice, l'idée séparatiste, sont précisément ceux-là même qui à chaque instant crient contre le séparatisme ?

Nous avons déjà parlé du Préfet, à l'administration
duquel l'on doit, en grande partie, le désordre et le chaos
actuels. Après M. le Préfet, la personnalité de M. Raibèrti
s'impose ; c'est une personnalité vraiment digne d'un poème,
et d'un poème héroï-comique !

Un individu qui a vécu pendant de longues années aux
gages du *Pensiero*, mit, il y a quelques mois, entre les mains
d'adversaires aussi acharnés que déloyaux du dit journal,
tous les documents de la rédaction, tous les registres de
l'administration du journal sacrifié.

L'organe des Corinaldi, Pilatte et consorts, en fit des
gorgées chaudes, les patriotards, rien qu'en pensant aux révélations qui allaient ressortir de ces mystérieux documents,
en avaient l'eau à la bouche.

Mais la désillusion fut complète ; quelle fumisterie !

Ces registres, ces documents démontrèrent une énormité,
quelque chose de terrible ; c'est que le journal le *Pensiero*
jouissait de la sympathie des personnes les plus respectables,
des personnes qui honorent le nom Niçois. Quelle terrible
conspiration et quels audacieux conspirateurs !

On publia entr'autres choses, à grand fracas de réclame,
à grands coups de tam-tam, à grands effets photographiques
— quelle belle réclame pour la maison — une lettre que, il y
a bien longtemps, M. Borriglione avait écrite au directeur du
Pensiero, en le tutoyant et en l'appelant son cher ami.

Le sieur G... de l'*Eclaireur* faillit en devenir fou de con-
tentement.

Il paraît que M. Borriglione parmi ses chances diverses,
eut par contre la malechance d'avoir été le compagnon de
collège de l'ancien directeur du *Pensiero*, et comme les souvenirs d'enfance restent vivaces, le Sénateur de Sospel
commit le crime terrible de gallophobie en tutoyant *le traître*

qui tous les jours dans sa feuille séparatiste insultait la
France.

En un mot, rien que le fait d'avoir eu des rapports avec
le Pensiero, constitue, d'après l'organe des Pilatte et autres
Corinaldi, une si grande félonie qu'il est impossible d'imaginer
rien de plus affreux.

Si les choses sont ainsi, comment se fait-il que le citoyen
Sénateur Borriglione soit gallophobe, tandis que le Député
Raiberti soit, d'après l'*Éclaireur*, le plus grand patriote et
continue à être le champion à Nice de l'idée nationale ?

Effectivement *personne* ne s'est servi du *Pensiero*, autant
que M. Raiberti !

*Personne n'a jamais fait autant de protestations de sympathie
et d'amitié à M. André, que n'en a fait Monsieur Raiberti !*

Dans ses polémiques avec l'organe de M. Borriglione, la
feuille de l'avenue de la Gare eut le toupet d'affirmer que
M. Raiberti n'a jamais eu recours à l'appui du *Pensiero*.
Pourquoi donc, lorsque le *Pensiero* donnait les détails les
plus précis sur les rapports entre son directeur et M. le
Député, le journal de M. Corinaldi et autres Pilatte, ne les
a-t-il pas démentis et pourquoi M. Raiberti, qui a cependant
la parole facile, a-t-il gardé un silence si prudent et si
éloquent ?

Puisqu'on veut nier l'évidence, il est nécessaire de rafraî-
chir un peu la mémoire à ceux qui, actuellement, ont tout
intérêt à l'avoir courte.

Quelles furent les relations entre M. Raiberti et le *Pensiero*,
ce journal que M. le Député fit plus tard supprimer sous
prétexte de gallophobie, et par qui M. Raiberti fut présenté
au *Pensiero* ?

L'histoire en est curieuse, et pour mieux faire connaître
à ceux qui ne sont pas du pays, aux Niçois d'adoption, le

réel état de choses à Nice, je vais la leur raconter dans les moindres détails, tout en demandant pardon aux lecteurs de mettre en scène ma personne ; mais la vérité a des exigences supérieures à celles de la modestie.

Au début d'une campagne électorale, lorsqu'à peine on commençait à prononcer tout bas le nom de Raiberti, qui, quelque temps auparavant était inconnu de presque tout le monde, je m'acheminais pédestrement, selon mon habitude, vers Montboron, lorsqu'une voiture venant en sens opposé, s'arrêta tout-à-coup devant moi ; je vis en descendre deux jeunes mirliflores qui m'étaient parfaitement inconnus. L'un d'eux s'avança tout souriant et me demanda si je n'étais pas M. un tel, tout en accompagnant cette demande de louanges tels que j'en aurais été extrêmement confus si je n'avais pensé qu'une démarche pareille, faite là, au milieu d'une route, par un individu dont j'ignorais l'existence quelques minutes auparavant, était plus que bizarre.

Mon interlocuteur s'était présenté comme Raiberti, fils d'un ex-officier italien, ayant pas mal de parents en Italie (chose qui m'importait peu), et futur candidat à la députation ; après ce petit boniment, il me demanda carrément et sans façon, mon appui et celui du gallophobe *Pensiero*.

Surpris par tant d'aplomb, je répondis... que je ne pouvais répondre, tout en lui faisant comprendre que puisqu'il s'agissait de tomber Borriglione, les électeurs auraient accepté n'importe qui, comme un envoyé du Ciel.

— Cependant, lui dis-je, il me semble, d'après les on-dit que vous êtes boulangiste, et cela peut vous porter beaucoup de préjudice, notre population étant, en très grande partie, absolument contraire aux idées du Général au cheval noir.

Et alors M. Raiberti, avec le plus ineffable et ironique des sourires, me répondit textuellement par ces paroles :

— Je me suis servi du boulangisme pour appeler sur moi l'attention de la foule ; c'est, à peu de chose près, la fameuse queue du chien d'Alcibiade.

Je garantis l'authenticité absolue de ces paroles, ce qui me fit immédiatement entrevoir la fermeté politique de ce caméléon.

Je répète que cet édifiant dialogue avait lieu en pleine route, sur la colline fleurie et embaumée de Montboron. Ces souvenirs sont présents à ma mémoire et sont absolument exacts. C'est de ce jour-là que je commençai à peser et à connaître mon homme. Mais que voulez-vous, nous avions en ce moment-là grand besoin de donner une leçon à M. Borriglione.

Dès que la lutte électorale commença, tout le monde remarqua les visites matinales et régulières d'un Monsieur qui se donnait la peine de monter les quatre-vingt-dix marches d'un escalier conduisant au quatrième étage de la rue Cassini, n° 15.

Ce visiteur aussi matinal qu'assidu, n'était autre que le patriote Raiberti et l'appartement était occupé par ce grand traître, ce gallophobe qui était le directeur du *Pensiero di Nizza !* Et là, dans une pièce remplie de livres, de papiers et de journaux, le patriote Raiberti et le gallophobe directeur du *Pensiero,* avaient de longs entretiens au sujet de l'élection ; là, M. Raiberti, tout doucereux, tout souriant et surtout tout humble, pérorait comme un pauvre diable, me faisait les plus grandes déclarations d'amitié, de sympathie, de dévouement et me demandait comme une faveur suprême de le conseiller et de le diriger.

M. Raiberti avait à peine alors commencé à donner ses fameuses conférences du soir, dans lesquelles ce pauvre garçon, bien, bien nouveau dans les questions économiques,

divaguait et se perdait en des exagérations qui n'échappaient
même pas aux auditeurs les moins expérimentés dans la
matière.

Le plus drôle de l'affaire c'est que ce fut moi qui l'avais
conseillé à traiter spécialement les questions économiques
nous concernant, et je suis encore aujourd'hui abasourdi
des remerciments obséquieux, qu'en cette occasion et pour
cette inspiration, le grand amateur du chien d'Alcibiade
me prodigua.

Le malheureux divaguait tellement, que certain soir, lui,
le petit-fils d'un notaire millionnaire, fit en présence de
nombreux ouvriers, une charge à fond contre les richards,
et étonna l'auditoire par une exposition d'idées d'un com-
munisme exagéré. J'assistais à la réunion et je me trouvais
à côté d'un digne citoyen, appartenant à une ancienne
famille niçoise, et qui était ami et partisan du noble candidat.

Je m'empressai de faire part à l'ami et partisan de Raiberti
du mauvais effet que ces paroles avaient non-seulement
produit sur moi, mais aussi sur de nombreux assistants et
je lui fis remarquer que non-seulement cette conférence
ferait du tort au candidat, mais que celui-ci était aussi en
pleine contradiction avec la tradition locale ; j'ajoutais, et je
parlais à un convaincu, que pareille théorie était tellement
drôle que le lendemain j'aurai dû en faire une très sévère
critique dans mon journal. Raiberti en eut vent immédiatement. Le lendemain, cependant, après avoir mûrement
réfléchi, et ne désirant pas faire du tort à cette candidature,
je ne fis qu'une critique à l'eau de roses et je trouvais même
le joint pour adresser quelques louanges au conférencier.

Le surlendemain de la conférence, M. Raiberti grimpa de
nouveau à mon quatrième étage, plus obséquieux et plus
souriant que jamais. Je me rappelle fort bien qu'il usa de

toute son éloquence pour se morfondre en remerciments, pour m'assurer de sa reconnaissance et pour finir, en me promettant de ne plus recommencer !

Que voulez-vous, me disait-il avec son plus fin sourire, il y a un petit groupe de socialistes qu'il ne faut pas dédaigner et j'ai dû en partie les contenter ! Entre temps, il s'était assuré l'appui du clergé !

Quoique la queue du chien d'Alcibiade eut déjà été coupée, peut-être même en raison de cela, elle devenait toujours plus longue.

J'entre dans tous ces détails, qui ont du reste déjà été publiés par le *Pensiero*, dans un article qui fit pas mal de bruit, pour enlever au Député de Nice, la moindre velléité de me démentir, car je pourrais, à l'occasion, invoquer le témoignage non-seulement de son ami, mais celui de beaucoup d'autres.

Dans ses visites matinales, M. Raiberti ne cessait de me tourmenter, en me demandant instamment d'écrire des articles pour un journal non quotidien, qu'il inspirait et patronnait. C'était un journal à base de scandales, dans lequel le regretté Président Carnot était tout particulièrement bafoué, pris à parti et même injurié. Mais notre homme n'y regardait pas de si près et la meilleure preuve en est que lorsque M. Carnot vint à Nice, il n'eut pas de serviteur plus humble, plus dévoué que M. Raiberti.

Le pauvre Président ne pouvait mettre son nez hors de la Préfecture, ne pouvait faire un pas, sans qu'il eut à ses trousses une voiture dans laquelle M. Raiberti faisait grande pompe de sa personne. En somme, après avoir fait insulter le Président de la République, il fut son *Paoli*.

Combien n'a-t-on pas ri alors de cette attitude, et quelle

nouvelle et lumineuse preuve cela ne donna-t-il pas de ce
que valait le député de Nice ?

Mais, revenons à nos moutons. Je disais donc que
M. Raiberti fit alors tout son possible pour m'engager à
écrire pour son journal des articles qui, naturellement, ne
devaient pas porter ma signature, et moi encore plus naturellement, je refusai. Il en vint même à me proposer, si
cela m'était plus commode, de les écrire en italien, il se
chargeait ensuite lui-même d'en faire la traduction.

Ma réponse fut assez catégorique. Pour écrire, lui dis-je,
en un français aussi macaronique que certains soi-disant
publicistes, je crois que j'en serais bien capable. Son insis-
tance pour avoir ma collaboration fut vraiment obstinée,
mais elle se heurta à un refus non moins obstiné de ma part.

Sur ce point aussi, je ne crois pas que M. Raiberti aura le
courage de me démentir, parce que dans ce cas, je serais
obligé de lui opposer le témoignage d'une personne qui le
touche de très près.

Mon domicile ne suffisant pas à M. Raiberti pour nos
entretiens, il voulut en avoir d'autres qui eurent lieu dans
l'entresol du magasin de M. H. Pécoud, ex-conseiller municipal, alors négociant en vins, rue de la Terrasse n° 7.

M. Raiberti ne se plaindra pas de ce que je manque de
précision. Au-dessus donc des magasins de M. Pécoud, dans
un local rempli de caisses, de tables, de paniers, de bouteilles
pleines et vides, M. Raiberti demandait à l'époque aide,
conseil et protection, à ce *Pensiero* dont la gallophobie,
n'effarouchait pas encore le patriotisme de cet Alcibiade fin-
de-siècle.

Personne n'ignore qu'en ce temps-là, M. Raiberti était
enthousiaste de l'Italie et qu'il faisait à tout propos des
confidences italofiles. Tout le monde se souvient du reste,

de son dernier discours de l'époque au Cirque, dans lequel l'orateur parla de l'italianisme de ses ancêtres et de ses parents d'Italie.

Sans le *Pensiero*, en un mot, M. Raiberti ne faisait rien, à tel point qu'il ne voulut même pas publier sa profession de foi avant de me l'avoir montrée et lue.

Un beau jour, je le rencontrai s'acheminant vers l'appartement de la rue Cassini que vous connaissez déjà ; à peine m'eut-il aperçu qu'il sauta de sa voiture et me traîna dans la porte d'entrée de la maison Randon, où il me donna lecture de son manifeste, s'interrompant à chaque phrase, même à chaque parole, pour me demander mon avis.

Or, pour employer le style fleuri d'un journaliste ami de Raiberti, tout cela ne vous semble-t-il pas assez *coquet de la part d'un député français* ? Coquet en effet, très-coquet, je dirai même cocasse, en songeant que c'est le même Raiberti, qui eut à la Chambre, le toupet de parler de la gallophobie du *Pensiero, de ce Pensiero* auquel il s'était tant recommandé, *de ce Pensiero* enfin à qui il doit en partie son élection !

Depuis lors le *Pensiero* fut toujours le même, il ne changea jamais son drapeau, il ne changea jamais d'opinion ! Comment se fait-il donc que M. Raiberti se soit si tardivement aperçu que ce journal était ennemi de la France ? Est-ce que par hasard M. le Député était gallophobe et séparatiste, lorsqu'il invoquait aide et protection au *Pensiero* et à son directeur ?

Je laisse aux honnêtes gens, le soin de méditer sur l'étrangeté du cas, et je dis aux vrais patriotes de juger avec impartialité la conduite d'un homme qui, tout en se disant patriote, demande et accepte la protection d'un organe qui, d'après sa confession même, fut le plus grand ennemi de la France.

En faisant condamner le *Pensiero*, M. Raiberti s'est condamné lui-même, tout comme en plein Parlement, il s'était
lui-même accusé, en accusant le *Pensiero*.

Mais M. Raiberti est un ambitieux effréné et les ambitieux
ne sont pas obligés d'avoir du cœur, d'avoir de la logique.
Toutes ses palinodies sont connues. Pourvu qu'on s'occupe
de lui, le reste lui est parfaitement égal ; périsse le monde,
peu lui en chault.

Chacun connaît la part active qu'il prit aux dernières
élections municipales, et son acharnement pour un procès
malheureux qui a été, est, et *sera* la cause de haines et
d'inimitiés. A la veille des élections, il prit une part directe
à la lutte et, superbement, dans un de ses grands discours
au peuple, il prédit la déroute d'adversaires qui, malgré
tout et surtout malgré lui, triomphèrent dans toute une
série de scrutins.

Raiberti, député de Nice, a reçu de Nice, s'est vu infliger
par Nice, un démenti tel que l'on ne saurait trouver le
pareil dans l'histoire électorale de notre pays. Nice a, en un
mot, solennellement et à plusieurs reprises, renié Raiberti.

Quel était le devoir d'un homme qui se flatte de respecter
le suffrage universel ?

C'était de renoncer au mandat que le peuple souverain lui
avait enlevé plusieurs fois, par de votes plus que
significatifs.

M. Beri et M. Olivari, en envoyant leur démission tout
de suite après les élections municipales, ont donné un noble
exemple de soumission et de respect au suffrage universel ;
cela peut être compté à leur actif dans les élections futures.

M. Raiberti a cru devoir se comporter autrement ; il file
sans tambour ni trompette sur Paris, où il fait du tapage au
Parlement, où il fait des discours et des propositions que

les personnes sérieuses ne prennent en aucune considéra-
tion, et tout cela pour attirer l'attention publique sur sa
personnalité !

M. Raiberti a voulu être un député omnibus. Il a touché
à toutes les questions ; il n'a réussi à en faire triompher
aucune. Ce n'est pas en touchant superficiellement à tout,
ce n'est pas en ayant la manie de poser sans cesse que l'on
réussit. Transporté hors de son élément, au milieu des
partis extrêmes, le pauvre homme se consume dans l'impuissance de ses efforts, sans jamais aboutir à un succès,
poursuivi par le remords d'avoir abandonné un parti parle-
mentaire, où il aurait au moins pu représenter les idées de
ses électeurs ! Mais c'est dans le caractère de cet homme,
dont l'intelligence est voilée par l'ambition la plus effrénée,
d'abandonner tous ceux qui ont contribué à le faire parvenir.
Il n'y a rien d'étonnant, si, ayant abandonné tout le monde,
tout le monde l'abandonne.

VI

UN JOURNALISTE

——

Les Niçois ont sans doute remarqué combien l'organe de M. Borriglione a forcé la note de ce patriotisme provocateur, grâce auquel, comme nous vîmes et prouvâmes déjà, on doit en grande partie la résurrection d'un genre nouveau du terrible séparatisme.

Pour celui qui est tant soit peu au courant des choses et des secrets si peu mystérieux de notre pays, il est certain, que cette nouvelle éclosion de fureur patriotique chez le *Petit Niçois*, dont M. Borriglione a été tout dernièrement déclaré reconnu propriétaire par le Tribunal — a une raison d'être quelconque, à cause de certaines vues, de certaines velléités que l'on attribue au même M. Borriglione.

D'après les on dit, le Sénateur de Sospel aurait assez l'envie de tenter l'aventure, de rentrer triomphalement par la porte, là d'où, selon une fausse légende, il était sorti par la fenêtre. Nous pouvons d'autant plus affirmer la fausseté de la légende, que c'est nous qui l'avons mise, pour rire, en circulation dans le *Pensiero* ; le peuple s'en empara et la légende resta.

Si la conduite du journal en question, dont M. Borriglione est le vrai propriétaire, étonna d'une part un grand nombre de ses lecteurs, elle indisposa d'autre part la plus grande partie de ses partisans les plus fidèles, qui n'ont certainement pas les craintes patriotiques que le *Petit Niçois* fait semblant d'avoir.

Nous pensons même que le Sénateur de Sospel n'est pas, dans cette question, tout-à-fait d'accord avec l'ineffable journaliste, qui, tout dernièrement, eut l'aplomb d'écrire que si, par hasard, l'opéra italien retournait au Théâtre Municipal, celui-ci deviendrait un foyer d'italianisme. Comme si ce redoutable foyer n'eut pas existé pendant 30 ans, sans que pour cela il y eut le moindre bruit, la moindre manifestation, la moindre protestation, Oh non, la tranquillité et le sommeil de personne n'ont jamais été troublés par ce fameux foyer.

Je ne suis même pas loin de croire que, si M. Borriglione avait continué à siéger à l'Hôtel-de-Ville, l'opéra Italien, n'aurait jamais été remplacé au Grand-Théâtre. Car M. Borriglione est très porté pour l'opéra italien, avec les partisans de celui-ci ; ce qui ne l'empêche pas, peut-être, de se montrer favorable à l'opéra français, lorsqu'il parle à quelqu'un du parti opposé.

S'il n'en était pas ainsi, M. Borriglione, ne serait plus M. Borriglione.

La conduite de son journal lui a, paraît-il, valu un grand nombre de remarques de ses meilleurs amis, qui ne se seraient pas gênés de le sommer d'avoir à faire cesser un état de choses qu'ils considéraient comme très dangereux pour son influence et pour ses combinaisons.

Lorsque les premiers articles furent publiés, M. Borriglione, suivant son habitude dans les circonstances semblables, était absent de Nice, et ses partisans, dont la foi transporte les montagnes, attribuèrent ces articles à l'exaltation d'un journaliste, qui était ivre des succès électoraux, dont il s'attribuait le mérite.

Lorsque le Sénateur fut de retour, il fut accablé de réclamations ; mais M. Borriglione, qui est la personnification de l'intrigue, M. Borriglione qui n'a jamais voulu et ne voudra jamais marcher par le droit chemin, l'homme qui, à l'instar de l'anguille, vous glisse dans les mains quand vous croyez le tenir, l'anguille de la Bevera, en un mot, comme on l'a justement surnommé, s'empressa de jurer par ses plus grands dieux, qu'il était fatigué... de la politique, qu'il n'entrait pour rien dans les articles en question et qu'il désirait se tenir à l'écart.

Cependant, suivant la qualité des personnes, M. Borriglione exhibait un des nombreux contrats qu'il a avec le *Petit Niçois*, il imitait en cela certain burlesque personnage qui avait toujours en poche une douzaine de cocardes, dont il se servait selon les circonstances ; le Sénateur disait donc aux uns :

« Vous voyez ce contrat, il est bien clair, il démontre, n'est-ce pas, jusqu'à l'évidence, que je n'ai plus rien à faire avec le *Petit Niçois ?* »

Avec les autres, avec les amis fidèles, il se déboutonnait, en maudissant le journaliste qui compromettait la situation et en leur donnant l'assurance qu'il l'aurait bientôt renvoyé.

Voilà une promesse qu'il fait depuis longtemps et qui se renouvelle chaque fois que ses partisans deviennent tant soit peu exigeants, une promesse qu'il n'a jamais tenue et qu'il ne tiendra peut-être jamais, comme beaucoup d'autres. M. Borriglione, qui s'est toujours joué de la vérité, devrait cependant se rappeler l'adage italien qui dit : « *Ogni bel giuoco dura poco* ».

Le *Petit Niçois*, qui, aux dernières élections a repris le rang que l'*Eclaireur* lui avait enlevé en 1886, ne pouvait,

en fait de patriotisme, rester en arrière de celui-ci et il
enfourcha le grand cheval de bataille ; il battit tellement
bien la grosse caisse du patriotisme, qu'il faillit au dernier
moment, traiter de séparatiste et de gallophobe, le journal
de tous les Pilattes... et autres Corinaldi.

L'occasion ne pouvait être mieux choisie.

On parlait de laisser chanter en italien, pour une représentation de bienfaisance, quelques artistes français et italiens.
M. Lafon avait, disait-on, demandé de prolonger sa saison,
en donnant une série de représentations extraordinaires
d'opéra italien. — *Casse-cou !*

Le bruit s'étant répandu, à tort ou à raison, peu importe,
que l'*Eclaireur* ayant décidé de mettre un peu d'eau dans son
vin patriotique, ne se serait montré hostile, ni à la représentation de bienfaisance, ni à la prorogation de la saison,
l'inconscient rédacteur du *Petit Niçois* part en guerre ; il faut
qu'il profite de cette occasion unique pour faire parade de
son grand patriotisme, il faut à tout prix qu'il dépasse les
hauteurs patriotiques des patriotards de l'avenue de la Gare,
ce qui n'est pas peu dire.

Dès lors, on donna libre cours aux articles les plus
étonnants ; tous en furent surpris, même les partisans les
plus acharnés de l'opéra français ; mais qu'importe, il fallait
taper sur le séparatisme, il fallait faire vibrer la corde
patriotique, il fallait, en un mot, déjouer la soi-disant
conspiration et mettre en doute le patriotisme de l'*Eclaireur*.

Et puis... Monaco ne voulait pas de l'opéra italien à *Nice*,
Monaco pouvait se fâcher, c'est ce qu'il ne faut pas !

Ce spectacle, pour une mesquine question de boutique,
ne pouvait être plus amusant, surtout pour ceux qui, comme
nous, restent spectateurs indifférents. Ce pugilat entre deux

boutiques cherchant à confisquer le monopole du patriotisme
à Nice, était on ne peut plus réjouissant.

L'*Eclaireur*, chose rare, en arriva à dire qu'en fait de
bienfaisance il lui importait peu que les artistes chantassent
en français, en italien ou en turc. Mais l'organe de l'avenue
de la Gare ne songeait peut-être pas qu'un jour un argument
pareil pouvait se tourner contre lui. En effet, si la bienfaisance légitime un chant en italien ou en turc, à plus forte
raison, pourquoi ce chant ne serait-il pas légitimé par
l'intérêt suprême du pays et par l'intérêt non moins suprême
de nos finances municipales ?

On ne peut décrire l'irritation produite dans le clan
borriglioniste par la publication des articles du *Petit Niçois*.
Cette irritation fut d'autant plus grande, vu le ton outre-
cuidant et personnel de l'écrivain. Il n'y avait plus de doute
possible, le *Petit Niçois* voulait en tout et pour tout remplacer
l'*Eclaireur*.

Personne à Nice n'ignore, qu'une des causes principales
de l'impopularité de l'administration de M. le Comte de
Malausséna et de l'antipathie envers la personnalité de
M. Raiberti, fut l'outrecuidance et la fatuité de l'*Eclaireur*.

Le ton hautain, autoritaire, cassant, de ce journal qui,
se sentant le maître à la Mairie, y imposait journellement ses
lois, en attaquant à droite et à gauche, fut la cause première
de la chute de la dernière administration municipale.

Il fallait naturellement, à chaque élection, compter avec
l'organe de l'avenue de la Gare. On nous a même affirmé à
ce sujet qu'à l'époque d'une précédente élection municipale,
M. Raiberti faisait, avec la liste des candidats en main, la
navette entre l'Hôtel-de-Ville et le bureau de l'*Eclaireur !*

Et, dans cette officine, on discutait les noms, on passait
chacun au laminoir, et le plus acharné, le plus exigeant,

était certain imprimeur, qui en arriva à imposer ses candidats et à en faire supprimer d'autres. « Celui-ci, je le veux, celui-là, non ! »

Le corps électoral niçois était réduit à une telle impuissance que quelques individus très peu connus s'imposaient insolemment à notre pays.

Ce n'est pas étonnant que nous en soyons actuellement réduits au point de nous voir accuser comme traîtres, si nous nous permettons de manifester notre sympathie pour une musique qui n'est pas du goût de ceux qui s'arrogent le pouvoir d'admettre ou de rejeter les candidats d'une liste niçoise !

Eh bien, le *Petit Niçois*, transporté par la vanité et par un orgueil incommensurable, jaloux des lauriers de l'*Eclaireur*, a voulu prendre, lui aussi, la baguette de commandement, et il se mit à prendre le même ton autoritaire et cassant, qui a fini par aliéner à la dernière administration, une grande partie des électeurs.

Mais M. Borriglione est-il assez peu clairvoyant qu'il ne s'aperçoive pas du tort énorme que lui a déjà fait et que lui fera encore son journal ?

Si les élections politiques avaient lieu dans un bref délai, certainement M. Raiberti resterait sur le carreau ; mais dans six mois d'ici, si les provocations du *Petit Niçois* continuent, M. Raiberti aura repris de l'influence et l'opinion du corps électoral sera modifiée de tout au tout. Le *Petit Niçois*, en somme, par une véritable aberration, continue envers son parti et celui de ses amis, cette œuvre de démolition que l'*Eclaireur*, avec son esprit antipathiquement autoritaire, a accompli envers ses amis Raiberti et Malausséna.

Le rédacteur du *Petit Niçois*, pétrifié par un succès inespéré, attribue fort peu modestement à son talent, à son influence, à lui-même enfin, la chute de l'ancienne Municipalité et la réussite de la nouvelle. Le pauvre homme oublie, dans sa manie vaniteuse, que la chute de l'administration Malausséna n'est due qu'à un concours de circonstances diverses, qu'à un juste mouvement de révolte du sentiment populaire, *de ce vieux sentiment Niçois* qui, en voyant certaines envahissantes personnalités, en voyant certains écrivassiers insolents l'offenser journellement dans son amour-propre, s'est réveillé, terriblement réveillé même, et n'a pas pardonné.

Le pauvre homme ne s'aperçoit pas que la chute de l'ancienne municipalité provient de la scission du parti qui a succombé, scission qui a été en grande partie créée par le caractère envahissant de l'*Eclaireur*, qui ne se gênait pas d'attaquer, d'offenser même, les membres de l'administration Malausséna, quand par hasard quelqu'un d'eux montrait de la répugnance à suivre aveuglement les volontés du journal Raibertiste.

C'est précisément ce que fait inconsciemment en ce moment le *Petit Niçois*, qui commence à préparer la chute de ses amis et finira par assurer le triomphe des adversaires. Mais comment faire entendre raison à un être qui croit avoir tout préparé, tout fait et tout détruit ?

Le rédacteur du *Petit Niçois* en parlant des questions locales prend des airs de grand homme ; c'est lui qui est le *Deus ex machina*, il est le moderne Louis XIV, et quoique ne faisant pas partie de la Municipalité, il crie sur tous les toits : *La Municipalité, c'est Moi !*... Les conseillers, auxquels il fait fort souvent visite, ne doivent avoir d'autre opinion que la sienne et à l'un deux qui tout dernièrement voulait lui parler de la question de l'opéra italien, il riposta brusquement : *Ne parlons pas de çà.*

Beaucoup de ces conseillers l'écoutent bénévolement,

mais... dans leur cœur ils l'envoient... paître. S'ils ne le contredisent pas, c'est de peur d'être accusés de gallophobie.

Il est impossible à ses amis, qui peuvent avoir des idées contraires à la sienne, de l'approcher ; il ne tolère pas la moindre observation. Nice est à lui, la Municipalité est à lui, les Conseillers, c'est lui qui les a faits, par conséquent, ils doivent penser suivant ses idées et marcher sur ses traces.

Il n'y a à Nice que lui, rien que lui, et, hors de lui point de salut !

C'est en effet, à la puissance de cet homme, que nous devons le manque de recettes de la soirée au bénéfice des pauvres ; c'est grâce à la puissance de cet homme que les Niçois seront tenus de s'ennuyer terriblement dès le printemps. Car l'ardent patriotisme de ce maître de Nice, de ce protecteur des Conseillers municipaux, ne pouvait consentir qu'on ouvrît les portes du Grand Théâtre à l'opéra Italien.

On ne doit donc pas s'étonner si ce grand, ce puissant *factotum* de la Cité, a, par jalousie des lauriers de l'*Eclaireur*, embouché sa puissante trombe pour sonner une charge à fond contre le séparatisme !

Il ne pensait pas que l'on pouvait trouver au moins étrange cet excès de zèle dans un journal, dont le propriétaire est cet « ami Alfred », qui tutoyait le gallophobe directeur du *Pensiero*, contre lequel le journaliste du même Alfred décoche avec entrain les traits les plus acérés.

Et dire que si M. Borriglione eut à supporter des insultes atroces et des accusations violentes, ce fut principalement de la part de l'homme qui s'est fait actuellement son panégyriste. Le procès des cédules Rossetti n'aurait certainement pas eu lieu, si le journaliste actuel de M. Borriglione n'eut pas continué imprudemment et furieusement ses attaques, après que le *Pensiero* avait suspendu toute polémique.

C'est tout de même un drôle de spectacle que de voir comme rédacteur en chef de l'organe de M. Borriglione, celui que ce dernier fit condamner pour diffamation, par le Tribunal Correctionnel de Nice.

Est-ce charité chrétienne de la part de M. Borriglione, est-ce souplesse de la part de l'écrivain ? Je n'en sais rien. Le fait existe ; mais il y a plus.

Ce même rédacteur, ce même publiciste, jaloux des lauriers de l'*Éclaireur*, a eu le courage de revendiquer la suppression du *Pensiero di Nizza,* comme son œuvre personnelle. Et ceci très probablement pour donner un nouveau gage de son patriotisme. Mais comme j'écris tout spécialement pour les vrais patriotes, comme je tiens à leur faire voir de quelle sorte de patriotisme sont animés ceux qui découvrent tous les jours un gallophobisme renaissant, voici une petite histoire qui va leur ouvrir les yeux.

Si le rédacteur en chef du *Petit Niçois* ressemble pour quelque chose à M. Raiberti, c'est par l'ingratitude ; ils ont, en effet tous les deux quelque chose de commun entr'eux. L'un et l'autre, se sont dérangés souvent pour venir trouver le directeur du *Pensiero,* et lui demander des services ; tous deux aujourd'hui prétendent l'avoir mutuellement exécuté !

Il fut un temps où le rédacteur actuel du *Petit Niçois* fut mis en quelque sorte à l'index. Il ne pouvait placer sa prose nulle part. Personne n'en voulait ! Savez-vous ce qu'il fit ? Oh, une chose bien simple. Il s'en alla tout bonnement trouver le directeur du *Pensiero,* et le pria de lui accepter sa copie.

Cet homme se souvint de la vieille hospitalité Niçoise, et comme le journal en avait conservé la tradition, le gallo-

phobe *Pensiero* ...... donna l'hospitalité à la prose de
M. Garien, comme déjà il l'avait tant de fois donnée à celle
d'autres adversaires.

On était à l'époque, en train de commettre une grande
injustice ; c'était l'expropriation de la maison Faraudi sur la
place Saint-Dominique, dont on offrait une somme déri-
soire.

Le *Pensiero* qui a de tout temps combattu les injustices,
entra en bataille. M. Garien étudia la question pour le
compte de l'exproprié, et tout tranquillement, le plus tranquillement du monde même, s'en vint au *Pensiero* en priant
qu'on publiât ses articles sur le sujet, articles qui étaient le
fruit de recherches très sérieuses, le résultat de beaucoup de
travail.

Le journal publia les articles, ce qui permit à M. le rédacteur en chef actuel du *Petit Niçois*, de gagner fort honora-
blement sa vie, tandis que le *Pensiero* donnait sa publicité
gratuitement, comme il l'a toujours fait.

Dans d'autres circonstances qu'il est inutile de préciser,
jamais le *Pensiero* ne refusa l'hospitalité de ses colonnes au
citoyen Garien.

Alors ce grand patriote, avait une autre opinion du
Pensiero ; alors ce n'était pas un journal gallophobe et
séparatiste ! Et pourtant depuis le jour où le *Pensiero* accueil-
lit la prose de M. Garien, jusqu'à sa mort, le *Pensiero* n'a
jamais changé de ligne de conduite.

Comment se fait-il donc qu'actuellement M. Garien se
flatte avec tant d'impudence d'avoir fait supprimer, sous
prétexte de gallophobie, le journal qui lui avait tant de fois
donné l'hospitalité ? Est-ce que par hasard M. Garien aurait
été à l'époque gallophobe et séparatiste ?

La voilà la reconnaissance de ces fameux patriotards,

ouvrez une bonne fois les yeux, ô français impartiaux, et dites-moi si on ne vous a pas constamment trompés !

Quand à M. Garien, je ne suis pas en peine pour lui — après avoir insulté et diffamé M. Borriglione, il en est aujourd'hui le journaliste attitré! Après s'être servi du *Pensiero* il se fait une gloire d'en avoir demandé la suppression, et en parle même à cœur léger.

Qui sait si lorsque les fumées de son orgueil se seront évanouies, il ne changera pas encore une fois.

Le cas de M. Garien me fait penser que, pendant nombre d'années, et Députés et Sénateurs, et Conseillers et journalistes, ont monté les escaliers du *Pensiero*, et que le *Pensiero* n'a jamais, au grand jamais, monté l'escalier de la maison d'un journaliste, d'un Sénateur, ou d'un Député quelconque !

VII

COSAS DE ESPAÑA

———

Si on pouvait écrire l'histoire de tout le mal qu'on commet à Nice, au nom d'un patriotisme d'un nouveau genre, si on pouvait énumérer une à une toutes les injustices, qui se produisent, cette histoire semblerait pour sûr, invraisemblable.

A Nice, le sentiment de la morale politique s'est complètement égaré. Ici tout est permis ; ici on trouve naturel et légal tout ce qui ailleurs répugnerait à la conscience publique et ferait éclater l'indignation de la population entière.

Contentons-nous de citer quelques exemples. Nous avons déjà parlé du misérable qui, après avoir été longtemps au *Pensiero* détourna des livres et documents du journal, documents qui furent à grand fracas publiés par l'*Eclaireur*.

Ce fut une combinaison bien malheureuse, car l'*Eclaireur* a des attaches de toute espèce avec l'avocat de ce malheureux, publie dans ses colonnes la prose et les rimes de ce même avocat et reçoit ses inspirations.

Dans d'autres temps et dans d'autres pays, le Conseil de l'Ordre des Avocats se serait peut-être occupé de l'*irrégularité* du fait, mais ici personne ne s'en est ému.

Il fallait frapper une bonne fois les gallophobes, et alors tout est permis, surtout ce qui ne l'est pas !

Mais il y a mieux encore, il y a pis encore, il y a quelque chose de plus étonnant.

Avant même que l'*Eclaireur* se prêtât à l'indécente publication, les pouvoirs publics firent irruption dans les bureaux du journal et emportèrent tout ce qui restait, en fait de registres et de papiers.

Pourquoi une semblable violation de domicile ? Nous ne le savons pas encore. — On rendit quelques jours après tous nos documents, dans lesquels on n'avait pu trouver paraît-il, la moindre trace de conspirarion gallophobe et de séparatisme.

Un des motifs de cette révoltante violation de domicile, nous a été révélé par l'organe des Pilatte et autre Corinaldi.

La descente aurait été motivée par le désir de M. Henry de mettre un peu le nez dans les affaires du *Pensiero !*

Nos lecteurs savent déjà que M. le Préfet Henry est l'administrateur à grand fracas et les échos de ces fracas, se répercutant à Paris, peuvent justifier son maintien à Nice. Par conséquent cette perquisition, qui fut annoncée à tous les journaux de France et de Navarre par le télégraphe, fut faite pour servir M. Henry qui se sert des expédients, comme d'un nouveau système d'administration.

Nous n'aurions certes jamais osé affirmer la chose ; nous nous en serions bien gardés. Cette affirmation a été lancée par l'*Eclaireur* qui annonça que M. Henry avait passé la nuit à compulser les registres du *Pensiero !*

Voyez-vous d'ici le spectacle de M. le Préfet qui nouveau Faust, dans les lugubres heures nocturnes, penché tout hâletant sur des creusets, non sur des vieux papiers, recherche avec une ardeur fébrile les secrets du *Pensiero*, afin de pouvoir le lendemain télégraphier au gouvernement :

« J'ai enfin trouvé les preuves de la conspiration ! »

Après un coup pareil, qui aurait jamais pu réussir à éloigner M. Henry de la préfecture de Nice ?

Mais, hélas, le pauvre Préfet en fut pour ses frais et ses peines, si tant est que le récit de l'*Eclaireur* soit vrai, et dut rendre les livres.

On ne trouva rien, mais le journal des plusieurs fois nommés publia tout de même des documents qui prouvèrent surabondamment l'innocence du *Pensiero*, que l'on avait calomnié avec tant d'impudence.

En attendant, la violation de domicile avait eu lieu, mais personne n'avait soufflé mot !

Avions-nous tort de dire tout à l'heure que le sentiment de la moralité publique est tout à fait disparu à Nice ?

On dirait vraiment que la personnalité humaine dégénère en touchant le sol Niçois, même parmi ceux qui n'ont jamais été mêlés à nos affaires, et que l'âme perd toute idée de dignité et d'indépendance personnelle en face des attaques des patriotards de la rue.

Le baryton Maurel, mis en cause pour la représentation de *Rigoletto*, donnée par le bureau de bienfaisance, fit publier par les quotidiens une lettre qui est un monument de crainte et de timidité.

Cet homme qui par son renom et sa condition est tout à fait indépendant, dès qu'il se vit attaquer par les journaux eut peur et, en se lavant les mains non-seulement dans le journal à Pilatte, mais encore dans celui à Borriglione, fit publier une lettre où il disait qu'il n'entrait pour rien dans l'affaire, qu'il n'entendait aucunement offenser le sentiment public, il donnait l'assurance qu'il ne connaissait pas et n'avait jamais connu le maestro Bonazzi.

Eh bien, chacune des affirmations de M. Maurel prouve la

crainte, prouve la peur. Ses trois allégations sont (soyons modérés) inexactes.

La première condition imposée par M. Maurel fut d'exiger que le maestro Bonazzi dirigeât l'orchestre du Grand Théâtre, pour la représentation de *Rigoletto*.

Le célèbre baryton écrivit ne pas connaître le maestro Bonazzi et celui-ci, qui avait jadis, à Milan, dirigé une représentation de Maurel, possède en main une photographie faite à Milan, où le grand baryton et le modeste chef d'orchestre figurent ensemble !

Lecteurs qu'en pensez-vous ?

M. Maurel prétendit ne rien savoir concernant la représentation. M. Maurel prétendit ne pas connaître personnellement M. Bonazzi ; or, il faut qu'on le sache enfin, que ce fut M. Maurel lui-même et nul autre que lui qui traita de l'affaire ; ce fut à Monte-Carlo que Maurel informa M. Bonazzi de l'engagement qu'il voulait signer, d'après lequel on devait lui verser un cachet de 4,000 francs, tandis que le pauvre Bonazzi prêtait son concours à titre gracieux.

Nous avons également fait mention de ce que M. Maurel parle dans sa lettre d'offense au sentiment public.

Or, quelle idée veut-on que les étrangers aient eu, en lisant une lettre dans laquelle un artiste se permet de croire que l'on offense à Nice le sentiment public, en chantant dans une soirée de bienfaisance en italien ?

Quelle opinion veut-on que nos hôtes aient du cœur et de la tolérance des Niçois ?

M. Maurel avait eu la naïveté de croire à l'organe de M. Borriglione, où un *miles gloriosus* pontifie ; où un individu débarqué d'une petite île perdue dans l'Océan, interprète à sa façon l'opinion publique de notre pays, parle au nom de notre Nice, dont il se croit le maltre.

Il ne s'agissait pas d'autre chose que de venir en aide à une œuvre de charité ; il s'agissait de secourir les malheureux au moyen de l'art, de cet art sublime pour lequel il n'y a pas de patrie, et qui cependant sert si bien à essuyer les larmes du pauvre, à ranimer celui qui souffre.

Que serait-il arrivé dans un pays quelconque, fut-il même à demi-barbare, si un individu en haussant insolemment la voix, en mêlant l'art à la politique, en se servant du prétexte du patriotisme, eût offensé le pays et porté préjudice à une représentation de bienfaisance ?

Les citoyens auraient unanimement protesté ; ils se seraient tous, dédaigneux et fiers, levés comme un seul homme, et auraient infligé une leçon bien méritée à l'écrivassier embrouilleur de cartes, qui, abusant du nom sacré de la Patrie, en suscitant des haines et des rancunes, devait certainement porter atteinte aux intérêts du pauvre et du malheureux.

·Et à Nice personne n'a bronché. On ne voit que trop bien qu'à Nice les nains deviennent des géants, grâce à la peur des honnêtes gens.

Au lieu d'infliger une salutaire leçon à ce perturbateur, chacun s'est tenu coi ; personne n'a osé dire ce que tout le monde pensait réellement au fond du cœur. Les menaces, les intimidations, *le quos ego* du *Petit Niçois* avaient intimidé la masse.

M. Maurel écrit une lettre fort humble et en même temps fort peu exacte, pour ne pas dire plus, et les promoteurs de la représentation de bienfaisance, qui sont tous des gens très bien, des gens tout à fait indépendants, ne soufflent mot, et, au lieu de protester et de jeter la vérité à la face de l'insolent journaliste, ils plient humblement l'échine, rentrent dans leur coquille et peu s'en faut qu'ils ne lui demandent pardon !

Mais s'il y a encore à Nice un Niçois, ayant le sentiment de la dignité de son pays, ne se sent-il pas bouleversé à la vue d'un avilissement semblable du sentiment public, la rougeur de la honte ne lui monte-t-elle pas au front, rien qu'au souvenir d'une pareille abjection ?

Quel est le Niçois qui dans la circonstance n'a pas eu honte d'être Niçois ?

La peur, la peur, toujours la peur ! Voilà ce qui fait la force des pygmées.

Lorsque pour l'affaire du Cirque, les noms de tous les souscripteurs furent publiés, quel devait en être le résultat ?

Le résultat devait être d'arracher le masque aux marchands de patriotisme. En effet, parmi les souscripteurs, les Niçois étaient en minorité ; quelques conseillers municipaux, beaucoup de membres très connus de la Colonie étrangère et surtout des français, des niçois d'adoption, toutes personnes au-dessus du moindre soupçon.

Il y avait là une belle occasion pour abattre toutes les calomnies et tous les calomniateurs.

C'était la meilleure preuve que les représentations du Cirque avaient été imaginées pour un but purement artistique. C'était la meilleure preuve que les affirmations des patriotards n'étaient que des calomnies, et des calomnies intéressées. Cependant la lâcheté fut générale.

Plus les journaux élevèrent le ton de leurs hurlements et moins les souscripteurs se montraient. C'était précisément le contraire qui aurait dû se produire ; au lieu de se cacher presque de peur d'être compromis, au lieu de trembler dans la crainte de voir son nom publié, il fallait se montrer et avoir l'énergie de dire tout ce que l'on pensait.

Il fallait alors avoir le courage de protester hautement et fièrement contre des insinuations malveillantes et calomnieuses, il fallait en un mot confondre les soi-disant patriotes qui cherchaient à troubler la tranquillité publique.

Si nous prenions un à un, les anciens et les nouveaux conseillers municipaux, il n'y a pas pour nous le moindre doute, que les trois quarts, les neuf dixième même, vous répondraient que tous regrettent un pareil état de choses, que tous déplorent que notre pays soit tombé si bas, que notre pays ait perdu toute dignité, toute virilité. Mais si par hasard l'un d'eux venait à être attaqué, si par hasard vous lui conseillez de répondre sans crainte aux insinuations quelquefois grotesques de certains journaux, si par hasard vous lui disiez de lever la tête bien haut et de protester énergiquement contre les vilenies d'une demi-douzaine de pygmées, vous le voyez de suite regarder timidement de gauche à droite et vous murmurer en mettant un doigt sur les lèvres pour imiter la célèbre statue de Michel-Ange :

..... *Non mi desíar, deh parla basso !*

Le silence, voilà le programme de la crainte, celui de la peur. Comment en plein XIXᵉ siècle, dans un pays de lumière, de délassements, la muselière est imposée à toute une population intelligente, qui jadis était si vivace, qui donna dans le temps tant de preuves de noble indépendance !

Mais si lorsqu'un galant homme, un conseiller municipal, un citoyen quelconque, est accusé par ces deux ou trois patriotards, d'avoir été un des souscripteurs du Cirque, d'aimer la musique et l'opéra italien, si au lieu de se taire ou de protester très timidement, il répondait loyalement, franchement et carrément ainsi : .

« Oui j'aime la musique italienne, oui j'ai souscrit pour

« qu'on donna *Gioconda* au Cirque, et après ? Est-ce que
« j'ai des comptes à vous rendre? Est-ce que cela vous regarde?
« Je ne crois pas pour cela d'être devenu gallophobe ; cela
« prouvera tout au plus que j'ai des goûts artistiques ; mais
« je me crois un bon français, je prétends même être un
« meilleur français que vous qui êtes un des créateurs de la
« gallophobie à Nice, que vous qui insultez impunément la
« France, en la faisant journellement et à tout propos
« intervenir dans les misérables querelles de parti ».

Si lorsqu'un honnête homme tenu comme suspect au
point de vue du patriotisme, parce qu'on le sait Niçois avant
tout, répondait crânement :

« C'est vous, ô folliculaires, qui êtes des séparatistes,
« vous qui êtes des gallophobes, parce que tous les jours
« vous irritez la plus grande partie de la population, avec
« vos accusations, vos délations ; c'est vous qui êtes des
« mauvais français, parce que journellement vous représentez
« nos sentiments en opposition avec les sentiments français.
« Séparatistes et gallophobes sont ceux qui sont la cause de
« la délapidation des finances municipales, en approuvant et
« applaudissant les représentations scandaleuses du Grand
« Théâtre. »

Ne croyez-vous pas qu'en répondant de la sorte aux
menaces et aux insultes de ces provocateurs du séparatisme,
les choses prendraient immédiatement une tournure meilleure ?

Si en plein Conseil Municipal, un noyau de citoyens
honnêtes et indépendants protestait crânement au nom du vrai
patriotisme, contre les menaces et les insinuations d'un
patriotisme faux, si on remettait un peu chacun et chaque
chose à sa vraie place, si on dévoilait une bonne fois les
artifices de ceux qui crient le plus au nom de la France, ne

croyez-vous pas que ces nains, qui sont devenus géants grâce à la peur universelle, seraient connus sous leur vrai aspect, c'est-à-dire comme des pygmées dont on ne doit pas tenir compte.

Mais comme nous continuons à vivre sous le règne de la peur, cela ira toujours de mal en pire, et après 37 ans d'annexion, on parle encore à Nice de gallophobie, comme aux premiers temps de l'Empire.

N'avons-nous pas entendu dire par un Niçois d'adoption, trompé sans aucun doute par les journaux, que l'on garde soigneusement à la Préfecture une liste contenant les noms de plus de 3000 personnes entre suspects et séparatistes ?

Il existe à Nice, chacun le sait, une Société Italienne de Bienfaisance, qui a des membres honoraires appartenant à des nationalités différentes.

Eh bien, n'a-t-on pas insinué que cette Société est un foyer de séparatisme, un prétexte à conspiration ?

Les commerçants italiens qui figurent comme membres de cette société sont surveillés même. . . . par des industriels des autres villes de France.

La Société Italienne de bienfaisance donnait auparavant sa fête annuelle, c'était pour ainsi dire une espèce de clôture de la saison — Elle était très suivie, les invitations fort recherchées et chacun admirait la correction absolue des promoteurs — *Jamais la moindre inconvenance.* Un soin particulier était apporté pour ne pas froisser les devoirs de l'hospitalité — On a tant fait, on a tant dit, M. le Préfet Henry commandeur des SS. Maurice et Lazare, s'y est du reste tellement bien prêté, que la fête n'a pu avoir lieu. Cela porte un très grave préjudice à la Société, cela privera certainement quelques indigents de secours, et même cela fera du tort à beaucoup d'ouvriers Niçois qui tiraient de cette fête un certain profit.

Que n'auraient-ils pas dit et avec juste raison, des français
établis en Italie, si on leur avait créé de pareils obstacles, s'ils
donnaient des fêtes analogues ; en Italie, où ils traitent non-
seulement librement et tranquillement leurs affaires, mais où
ils ont des Chambres de Commerce, ou des troupes de
comédie en tournée, où des artistes français parcourent librement et triomphalement toutes les scènes, où ils sont comme
chez eux, où ils peuvent librement chanter dans la langue
qui leur convient le mieux.

Politique de haine et de rancune, voilà le patriotisme de
ceux qui s'arrogent, on ne sait pas avec quel droit, le privi-
lège de parler à Nice au nom de la France, de défendre
à Nice, l'honneur de la France, *honneur que personne n'a
jamais attaqué, personne n'a jamais offensé* sauf ceux-là qui
usent, abusent même, à tous moments, à tous propos, et
pour l'intérêt personnel du nom sacré de la patrie !

Lorsque Tamagno vint à Nice, pour la première fois
donner *Otello* au Casino, que n'a-t-on pas fait, combien d'obstacles n'a-t-on pas créés pour empêcher la représentation
d'avoir lieu ?

Et pourtant, est-ce que tout ce qui peut en définitive
rendre plus gaie et plus brillante notre saison, n'est pas à
l'avantage de notre pays ? Est-ce que tous à Nice ne
devraient pas être d'accord à ce sujet ?

Mais qu'importe aux tapageurs, aux fabricants d'un nouveau patriotisme, l'honneur de Nice, les intérêts du pays ?

A cette époque là, on mit de nouveau en avant le séparatisme et la gallophobie, on tenta d'empêcher la représentation, et finalement, n'ayant pu y réussir, on fit venir La
Patti pour donner les mêmes soirs des représentations
extraordinaires au Grand Théâtre. Ne pouvant empêcher le
succès d'*Otello*, on lui fit une concurrence désastreuse.

Grâce donc aux brouillons ordinaires, l'argent versé par
le public dans la caisse du directeur du Théâtre Municipal,
au lieu de servir au bien du pays, servit au contraire à porter
une grave atteinte aux intérêts de Nice.

Mais tout fut inutile et l'on donna quand même une série
triomphale de représentations d'*Otello*. Qui donc a oublié les
compte-rendus ridicules de ces ridicules critiques patriotards,
que le succès de Tamagno avait rendu furibonds ?

On lui reconnaissait à peine à peine un certain volume de
voix. Je me souviens que le M° Salvayre qui était à l'époque
à Nice pour son *Richard III*, ne me cacha pas son enthousiasme pour l'orchestre et pour la manière de diriger, des
Maestri Italiens, qui sont, me disait-il, uniques au monde, ils
conduisent leur armée d'artistes en vrais généraux. Et rempli
d'un enthousiasme communicatif, il s'écriait : « Je suis
« persuadé que si Mascheroni, veut se charger de diriger
« mon *Richard III*, il serait capable d'obtenir des effets
« dont je serai moi-même incapable ! »

Il faut bien rappeler toutes ces choses au lendemain de
l'explosion du grand enthousiasme de Paris pour Tamagno.
Tandis que chez nous les patriotards habituels poursuivent
à outrance un maestro italien, qui pourrait peut-être relever
même le sort de l'opéra français, les plus compétents critiques parisiens, ont regretté que l'orchestre de l'opéra, n'ait
été dirigé par un italien, lors des représentations de
Tamagno.

Mais nos critiques, ici, veulent avoir l'air de tout savoir,
ils font les délicats, ils se donnent pour des Wagneristes, ils
méprisent la mélodie italienne et seraient peut-être bien
embarrassés si on leur demandait quelle est la différence
entre les deux écoles. C'est précisément à tous ces savants

critiques que l'on doit la mauvaise preuve que l'opéra
français a fait à Nice.

C'est toujours la même politique de haine et de dépit, à
tel point qu'un individu qui se dit écœuré des spectacles du
Grand Théâtre, ose conclure une lettre à l'*Eclaireur* par une
phrase qui est typique :

« Si jamais on remettait l'opéra italien au Théâtre Muni-
« cipal, les chassepots partiraient tout seuls ».

Mais quand l'acharnement arrive à un tel degré, il faut
bien se demander si ces gens-là jouissent encore de toutes
leurs facultés mentales.

Voilà comment on trompe le public. Voilà comment une
presse inqualifiable dénature les faits, les sentiments et les
choses de Nice. Comment voulez-vous après cela avoir foi
dans le triomphe de la vérité, comment espérer un jugement
équanime, une juste tolérance de la part des adversaires ?

VIII

UNE CERTAINE POLICE

Nous sommes arrivés à Nice à un point tel, que le plus grand crime pour un Niçois est d'être Niçois, et les accapareurs du patriotisme en sont arrivés à acculer les Niçois à une impasse. On met effectivement toujours Nice en contraste avec la France, de sorte qu'il faut choisir entre être bon Niçois ou bon Français. Cela semble incroyable et pourtant c'est vrai. Voulons-nous rester des bons Niçois ? On nous accuse d'être des mauvais Français.

Voulons-nous être de bons français ? On nous force à être des mauvais Niçois, en nous obligeant à renoncer à toutes nos traditions, à tous nos goûts ; nous devons même renier l'histoire glorieuse de nos pères. Nous devons même renier ceux-ci et appeler félonie ce qu'ils appelaient de l'héroïsme, du patriotisme.

A deux pas d'ici, au-delà du Var seulement, tout citoyen a le droit d'être fier de son petit pays, de son nid, et les Niçois, que l'on désigne à Cannes, à Antibes, comme étrangers, quand par hasard ils vont s'y fixer, les Niçois qui y sont traités comme des étrangers, n'auraient pas chez

eux, dans leur pays, dans le pays de leurs pères, le droit
d'aimer à leur façon, leur sol natal ?

Si nous voulons aimer notre Nice, notre pays, nous
devons le faire d'après le bon plaisir d'un monsieur quelconque, tombé à Nice du fin fond d'une île perdue dans
l'Océan, ou d'après les idées d'un autre Monsieur, dont le
sang est si peu français, qu'il n'aurait même pas le droit
d'obtenir un emploi en France, si le Parlement votait la loi
concernant les personnes dont la nationalité ne remonte pas
à un nombre suffisant de générations.

Ce sont ceux-là qui sont les plus acharnés pour imposer
aux français et aux Niçois des règles spéciales de patriotisme;
ce sont ceux-là qui, se posant à tout moment, pour la moindre futilité, en défenseurs d'un honneur que jamais personne
n'a attaqué, créent un système de suspicion et de délations
qui rend à un honnête Niçois la vie difficile à Nice.

N'avons-nous pas vu dans de toutes récentes polémiques,
un journal où s'étalent des noms propres dont les dési-
nences sont loin d'être françaises, se faire le délateur public
de Conseillers Municipaux, d'Adjoints de l'ancienne administration, qui avaient eu l'audace de s'arrêter en public pour
parler avec des personnes coupables d'avoir *ab-antico* appar-
tenu à notre Ville.

De sorte que des vieux Niçois ne peuvent pas se voir,
causer entr'eux, sans encourir la colère de certains individus
qui probablement ignoraient l'existence de Nice, il y a
quelques années.

Je crois qu'on n'a jamais vu une chose pareille, même
sous les régimes les plus despotiques. Une de ces feuilles
qui, à Nice, poussent comme des champignons, écrivait il y
a quelques jours, un article furibond contre M. Salvi, adjoint
au Maire, *il signor Salvi* disait-il ; et savez-vous pourquoi ?

Mais ' lisez d'abord ses paroles incroyables et vous vous
rendrez compte de la rage patriotique de l'écrivain :

« *Vous n'avez pas* CRAINT, *lundi 5 avril, de vous*
« *montrer place Masséna en compagnie du signor André, ex-*
« *rédacteur du* Pensiero *et de M. Tirauty !* »

Après celle-là il faut, comme on dit vulgairement, tirer
l'échelle.

Ce sont, nous le répétons, des choses qui, racontées dans
d'autres pays, sembleraient incroyables et seraient considérées comme des inventions d'un cerveau malade.

Comment, en France, dans un pays de liberté, en pleine
efflorescence républicaine, en plein XIXᵉ siècle, trois
niçois de Nice, appartenant à des anciennes familles du
pays, très connus partout, commettent un délit en se rencontrant sur la Place Masséna, et l'on dénonce un adjoint au
Maire, parce qu'il n'a pas craint de serrer la main à deux
de ses concitoyens, dont l'un était depuis plus d'un an
absent.

Mais voilà, le délit était grave. M. Salvi avait oublié de
demander à un écrivassier tombé à Nice on ne sait d'où,
la permission de causer avec deux concitoyens.

L'article en question est très long, interminable, furibond.

Les *Signor* en italique et quelques fioritures macaroniques
abondent ; naturellement celui qui l'a écrit ne pouvait
manquer une si belle occasion de vouer trois niçois à
l'exécration publique.

La curiosité nous a poussé à prendre des renseignements
sur l'individu qui a fait la terrible découverte des trois Niçois
causant tranquillement entr'eux en plein jour, sur la place
Masséna. Après beaucoup de recherches, nous avons fini
par apprendre qu'il s'agit d'un ancien comédien ou chanteur,
on ne ne sait pas au juste, qui griffonne un journal théâtral,

pour la vente duquel il avait passé un contrat avec M. Lafon, directeur du Théâtre Municipal. Ce Monsieur voulait paraît-il vendre sa feuille de choux pendant les entr'actes, assimilant ainsi le Grand Théâtre à un café chantant, ou à un cirque quelconque. On ne le lui a pas permis ; de là vient sa haine contre l'adjoint, haine qui a pris des proportions de rage folle, quand la commission théâtrale a refusé à ce Monsieur de lui prêter le Théâtre Municipal, pour y donner un spectacle concert où Mme la comtesse de Lagrange aurait joué dans une pièce dont elle était l'auteur.

Ainsi donc, des individus sortis on ne sait d'où, à peine débarqués ici, se font les hérauts du patriotisme, en imitant la phraséologie habituelle des journaux haut-côtés.

Des individus qui savent à peine vous dire où se trouve la place Masséna et la place Garibaldi, des individus qui ignorent l'existence de la vieille ville, osent, après 24 heures de séjour, ouvrir chez nous, une boutique de patriotisme, d'où ils sèment les injures, les insultes, la calomnie et les dénonciations contre de vieux niçois.

Cette triste besogne leur est d'autant plus facile, que malheureusement, tant Monte-Carlo que le Casino et la Jetée paient et engraissent très probablement ces *bravi* de la plume qui se succèdent chez nous.

Je le répète, n'est-ce pas là une situation intolérable ?

Mais tout cela coule de source, et cela ne changera pas, tant que les journaux quotidiens souffleront sur le feu, tant que la Préfecture imitera les journaux quotidiens, tant qu'une certaine police augmentera la dose, comme si elle n'était faite que pour agrandir l'éternel épouvantail du gallophobisme.

La police spéciale a, elle aussi, besoin de justifier la nécessité de son existence et elle ne peut mieux le faire que par

le soupçon à jet continu. Il y a un luxe tel d'employés et
de confidents autour de *M. le commissaire spécial* qu'il faut
réellement que la besogne soit rude, que le travail soit
difficile et délicat.

On nous assure qu'il y a des personnes qui osent se présenter dans des établissements publics, chez des négociants
depuis longtemps établis à Nice et sans aucun ménagement
demandent carrément aux employés si leur patron a des
sentiments gallophobes et séparatistes. Cela s'est vu, dit-on,
il n'y a pas longtemps.

Des agents ou envoyés de M. le Commissaire spécial,
ont suivi obstinément des personnes que certains journaux ont eu le toupet de dénoncer comme gallophobes.
Cela ferait monter la moutarde au nez même à un cadavre ;
eh bien cela s'est vu. Il y a même paraît-il des italiens, qui
font la triste besogne de surveiller ou dénoncer leurs compatriotes. Nous pourrions donner le nom ou citer tel individu, qui sous un faux nom voyage très souvent de Mar-
seille à Nice. Cet individu aurait paraît-il dénoncé et compromis pas mal d'italiens coupables de ne pas lui plaire.

Dans un récent procès à Oneille, n'a-t-on pas dévoilé
qu'une personne de Vintimille, domiciliée en France,
jouissait tous les ans d'une certaine villégiature, afin de
surveiller un niçois qui passait habituellement l'été près de
la frontière. N'est-ce pas que notre argent est bien dépensé ?
Mais il y a plus.

On ne pense pas seulement aux vivants, il faut aussi penser
un peu aux morts.

Lorsqu'un niçois de bon teint vient par hasard à mourir,
tout le monde est en mouvement. A ses funérailles assistent
de nombreux agents de la sûreté, qui suivent le cortège
en examinant bien soigneusement les personnes de la suite.

Il y a peu de temps le fait s'est passé *extra muros* à l'en-
terrement d'un brave et honnête Niçois, qui ne s'était
jamais mêlé de politique.

Deux agents suivirent le convoi et l'un d'eux était même
porteur d'une machine photographique.

C'est révoltant, mais que serait-il arrivé si un de ceux qui
assistaient au pieux service s'était oublié et avait donné une
verte leçon aux provocateurs ?

Certainement, beaucoup de ceux qui liront ces lignes
me taxeront d'exagération, cependant cela est, nous dirons
même que nous restons bien en dessous de la vérité.

Le fait est douloureux ; nous admettons toutes les polices,
toutes les surveillances, mais que l'on respecte au moins les
morts, surtout ceux qui n'ont jamais rien fait. N'y a-t-il
pas déjà assez de dénoncer des Niçois qui se rencontrant,
échangent entr'eux quelques paroles, une poignée de main,
il faut encore les surveiller lorsqu'ils accomplissent le plus
pieux des devoirs, lorsqu'ils accompagnent à sa demeure
dernière les restes mortels d'un parent, d'un ami, d'un fils,
ou d'un frère.

Il y a seulement quelques années, c'était bien différent.
Nous avions alors pour commissaire spécial M. Paoli. Ce
fonctionnaire apportait dans l'accomplissement de sa délicate
mission, tant les qualités du gentilhomme que celle du
citoyen.

Tout ce qu'il y avait à Nice, de citoyens probes et honnêtes était l'ami de M. Paoli, lequel n'aimait pas à inventer
de prétendues conspirations, lequel ne dérangeait pas des
agents pour surveiller des pacifiques citoyens et encore
moins pour déranger les morts dans leur dernier sommeil.

Lorsqu'il fut transféré ailleurs, la nouvelle en fut accueillie
avec peine par tous ceux qui avaient pu l'approcher et

beaucoup de Niçois tinrent à lui offrir, la veille de son départ, un banquet d'adieu, auquel assistaient des citoyens de tous les partis, de toutes les classes sociales.

Certainement, avec M. Paoli n'aurait pas eu lieu le procès du pauvre Cipriani, arrêté à Menton, porteur de documents compromettants, dont il ignorait l'existence.

Trouvez-moi quelqu'un à Nice qui ne soit pas convaincu que M. Paoli ait rendu de très grands services à la France. Le poste excessivement délicat auquel il a été élevé est la preuve convaincante que les hommes d'Etat ont su apprécier les qualités du fonctionnaire, sachant annoblir sa dure besogne par une conduite aussi clairvoyante que correcte.

Cela prouve qu'on peut parfaitement être un excellent commissaire spécial, sans provoquer des délations, ou inventer des conspirations et sans troubler le recueillement des convois funèbres.

IX

QUI SONT LES SÉPARATISTES

CONCLUSION

Voilà près de 40 ans que Nice a été annexée à la France, et dire que si un étranger, ignorant complètement nos affaires, lisait en arrivant les quelques journaux que nous avons *le bonheur* de posséder, il se demanderait en voyant que l'on continue à parler de séparatisme et de gallophobie, si Nice est une Ville conquise !

A qui la faute si l'on parle tant de séparatisme et de gallophobisme, sinon à ceux qui suscitent à tout instant cet épouvantail pour les besoins de leur parti ?

Il faut absolument que l'on sache que ceux qui parlent toujours de séparatisme, sont précisément ceux-là mêmes qui, suivant leurs convenances, nient l'existence du sépara-tisme.

Nous avons eu tout dernièrement sous les yeux un journal qui publiait une lettre osant affirmer qu'à Nice le *séparatisme existe* et qu'il y est même *formidablement organisé !*

Ce journal, sans faire suivre la lettre de son correspondant d'aucun commentaire, ce qui peut passer pour une approbation, est le même qui affirmait solennellement à plusieurs reprises qu'il n'y avait pas de parti séparatiste à Nice et que dans tous les cas, il ne se composait que de trois personnes, dont il citait les noms.

Comment peut-on prêter la moindre foi à ces craintes simulées des sauveurs habituels de la France à Nice ?

Cette balançoire est très facile à expliquer, nous croyons même en avoir donné en grande partie l'explication dans un chapitre précédent.

Si on veut se donner la peine de jeter un simple regard sur l'histoire de ces quelques dernières années, on ne pourra pas nier que nulle part en France, on trouverait un pays aussi calme, aussi tranquille et aussi facilement gouvernable que Nice.

Après la période douloureuse et ridicule des proconsuls Baragnon, Dufraisse et Blache, l'administration de la Ville fut confiée à des personnes éclairées qui en réorganisèrent les finances, et auxquelles est dûe, d'après les instigations du *Pensiero*, la création de notre splendide Carnaval.

Chacun en effet se souvient que ce fut le *Pensiero*, qui exhuma et ressuscita le Carnaval de Nice.

La propagande qu'il fit à l'époque fut comme d'habitude âprement et fièrement contrecarrée par les hommes de la fameuse boutique. Ces gens-là ne voyaient dans le Carnaval qu'une manifestation italienne.

Un jour le Maire s'avise de parler niçois en public ; un autre jour le drapeau avait été arboré à l'Hôtel-de-Ville à une heure tardive ; c'est avec de pareilles balivernes que l'on combattait une administration municipale qui n'avait qu'un seul et unique but, le bien du pays.

Cette tactique est facilement explicable.

Le calme ne va pas à ceux qui veulent pêcher en eau trouble. Quand le pays est tranquille, les nullités sont considérées pour ce qu'elles valent, il fallait absolument faire tout son possible, même l'impossible, pour créer la division dans le pays.

En divisant le pays, en divisant les Niçois, la boutique pourrait tirer profit des événements, surtout en opérant au nom de l'idée nationale. Il fallait faire croire à un péril qui n'existait pas, on l'inventa.

Le type du pêcheur en eau trouble a toujours existé, spécialement dans les républiques et les démocraties. Un célèbre poète comique d'Athènes(1) le mit une fois en scène dans une de ses comédies. Nous ne pouvons résister à l'envie de citer textuellement la phrase qui tombe à merveille. Un personnage de la comédie disait donc :

« Tu fais comme celui qui va à la recherche d'anguilles.
« Si le marais est tranquille, tu ne feras pas grande prise ;
« mais si tu réussis à en remuer les bas fonds, l'eau devien-
« dra trouble et tu en prendras tant que tu voudras. »

Cela explique pourquoi on a de tout temps parlé de séparatisme, et pourquoi on nous en parle encore aujourd'hui à propos de musique italienne, en menaçant de mettre en œuvre les chassepots qui partiraient tout seuls.

Voyez ce qui vient de se passer à Paris. Non-seulement on y exalte un grand artiste, mais on y vante la musique italienne, on y vante les méthodes italiennes, que les ignorants critiques musicaux que nous possédons, méprisaient et dédaignaient en même temps.

Dans cette nouvelle preuve d'admiration de la part des

---

(1) ARISTOPHANE — *Les Chevaliers.*

Parisiens, même les moins clairvoyants ont vu, non-seulement un réveil sympathique en faveur de la musique italienne, mais aussi, presque tous les journaux de la capitale l'ont déclaré, un vrai rapprochement entre la France et l'Italie.

Ce rapprochement entre les deux nations que tous nous devons souhaiter, se dessine de mille façon ; par la traduction d'ouvrages italiens, par le changement de langage des journaux qui passaient pour être des plus italophobes, par la description d'un publiciste Parisien, retour d'Italie, qui en rendant un compte fidèle de son voyage, décrit le sympathique accueil qu'il a reçu partout, tout en avouant loyalement que les polémiques violentes, que les dissentiments entre les deux pays, ne provenaient pas en grande partie de la presse italienne.

Costa de Beauregard, de retour de Rome, interrogé sur ses impressions de voyage répondit : « *Mettons-y un peu du nôtre et l'entente sera aisée. Du Roi aux simples citoyens, on nous aime. Attendons et favorisons par notre sage attitude, le rapprochement que je crois et que j'espère prochain.* »

Tout nous fait en somme espérer qu'un rapprochement des plus heureux et des plus désirables va avoir lieu ; le moment en serait bien choisi, car l'Europe a malheureusement sur le dos la question orientale et personne ne peut savoir comment cela va tourner.

De ce rapprochement, les journaux niçois auraient dû parler, ils devraient loyalement y pousser, ardemment le désirer, car Nice, ville frontière, est le trait d'union entre la France et l'Italie, les deux grandes nations latines qui unies entr'elles pourraient peut-être faire entendre raison à quiconque en Europe s'aviserait de s'imposer.

Que font-ils au contraire ? Lorsqu'à Paris *Otello* triomphe,

ici on nous menace de voir partir les chassepots tout seuls,
à peine on parlerait d'opéra italien. Le rapprochement pour
eux consiste à couvrir d'injures les personnes tant soit peu
suspectes de sentiments amicaux envers l'Italie ou les
Italiens.

Le résultat d'une pareille politique est désastreux pour
notre pays tant au point de vue moral qu'au point de vue
économique.

La politique de ces Messieurs, repose toujours sur la
haine. C'est par la peur que l'on veut régner, on en profite,
on y arrive parce que les courages sont affaiblis, anéantis,
nuls. Cela disons-le hautement, fait un grand tort à notre
pays. Il faut qu'un pareil état de choses cesse, nous sommes
obligés de nous répéter, on nous excusera, mais c'est par
la peur que les pygmées règnent et cette peur qui fait leur
force est la ruine de notre pays.

Si dans le temps, certain Préfet avait voulu administrer
Nice en terrorisant, nous n'aurions jamais eu, sous prétexte
de séparatisme, les splendides carnavals qui se succèdent
depuis 25 ans.

Par la politique des menaces, on supprime une fête de
charité, celle de la Société Italienne de Bienfaisance, qui
tout en étant un attrait de la saison, donnait un profit au
travail de ses habitants.

Par la politique de la peur, la saison se termine deux mois
plus tôt, par la fermeture précoce du Casino, où les boutiquiers du patriotisme ne permettent pas que l'on donne
l'Opéra Italien.

Par la politique de la haine, nous avons le pays doulou-
reusement divisé et les intérêts de la France mis sans cesse
en contradition avec ceux de Nice.

Par la politique de la crainte, nous sommes réduits à un

degré si bas que le principe d'autorité repose dans la plume de quelques individus, dont la fatuité égale la nullité.

Ce n'est pas tout. Les villes rivales nous regardent avec des yeux jaloux et cherchent par tous les moyens à nous porter préjudice — Les étrangers sont écœurés de voir nos querelles, de voir nos divisions entretenues par deux journaux rivaux.

Et, pendant que chez nous ont veut faire partir *les chassepots tout seuls*, Monte-Carlo joue l'opéra italien, Monte-Carlo va même tout prochainement construire un grand théâtre qui sera presque exclusivemenr réservé à l'opéra italien, tandis que Monaco s'apprête à faire creuser un grand port pour recevoir les yachts qui ne veulent plus venir à Nice.

Voilà les effets de la politique des menaces et de l'intimidation. Avec cette maudite politique, nous avons éternellement deux hommes et deux journaux en présence qui se disputent entr'eux les dépouilles de notre pauvre Nice. — Effectivement, si nous voulons approfondir toutes ces questions et en rechercher la morale, que trouvons-nous ?

Nous trouvons : deux journaux et deux hommes, les deux journaux veulent commander en maître à la Mairie, les deux hommes Raiberti et Borriglione, veulent être les véritables maîtres de Nice. — Deux hommes et deux boutiques, voilà enfin de compte à quoi aboutit cette grande propagande patriotique.

Ces deux hommes et ces deux boutiques passeront, mais d'autres hommes et d'autres boutiques leur succèderont. Ces autres boutiques s'imposeront à la volonté des Niçois qui, depuis quelque temps, n'ont plus aucune volonté.

Et nous avons à cet égard un exemple bien récent.

Un journal du matin a déjà été acheté en prévision des

futures luttes électorales. Les candidats sont prêts, et un beau jour, les électeurs se réveilleront en entendant proclamer le nom d'un Carnot, gendre d'un sénateur, comme candidat à la députation Niçoise. Et ce n'est pas à ce qu'il paraît, le seul gendre à candidature.

Pour ce faire, *la Camarilla* a déjà tout combiné dans l'ombre, et d'ores et déjà, sans que les électeurs s'en aperçoivent, on commence à préparer le terrain.

La besogne est facile, car celui qui aura le courage de protester contre cet indécent escamotage du vote populaire, sera accusé d'être séparatiste, gallophobe, traître à la patrie et un Henry quelconque mettra en campagne tous les plus fins limiers de sa police plus ou moins secrète, pour surveiller ce dangereux ennemi de la France.

Le séparatisme ! Voilà la tête de turc, toujours le séparatisme, au nom duquel, comme jadis au nom de la liberté, on peut légitimer à Nice, toutes les injustices, toutes les iniquités.

Mais si nous y regardons de près, qui sont les vrais séparatistes et dans quel camp se trouvent-ils ?

On dit que pour tenir une question éveillée, il faut en parler fréquemment, eh bien, qui est-ce qui parle de séparatisme, sinon ceux qui feignent tant de haine contre les séparatistes ?

Imaginez-vous que Nice n'eut pas été ces dernières années, imprudemment abasourdie et inquiétée par de féroces hurlements contre les gallophobes et les séparatistes, que serait-il arrivé ?

Que la lutte des partis aurait été limitée aux seules questions locales, aux principes politiques et personne n'aurait jamais pu s'imaginer que l'intégrité du territoire courait à Nice des dangers.

De tout cela il résulte clairement que la réclame pour le séparatisme n'est faite à Nice que par des soi-disant patriotes, qui ont inauguré dans notre ville une politique de haine, d'intimidations, de menaces, qui conduira malheureusement notre pays à une ruine complète.

La conclusion en est claire.

Il n'y a pas de pires séparatistes que ceux qui parlent, déclament et écrivent continuellement contre le péril du séparatisme.

Nice — Imprimerie Robaudi Frères — Nice

29, Rue Pastorelli, 29

www.ingramcontent.com/pod-product-compliance
Lightning Source LLC
Chambersburg PA
CBHW070852280326
41934CB00008B/1412

9 782013 759717